lonely planet

DE CERCA

KIOTO Y OSAKA

Thomas O'Malley,
Tom Fay y Rob Goss

Sumario

Arriba: estatua, Enkō-ji (p. 110).
Abajo: Dōtombori (p. 159).

Puesta a punto 4

'Ramen tonkotsu'.

★ Imprescindible

El viaje empieza aquí

Kioto es una fuente inagotable de cultura y sensibilidad artística, con múltiples símbolos y alusiones, como la disposición precisa de unas rocas sobre la arena o el motivo floral de un kimono. Ello podría convertirla en impenetrable para los visitantes, pero lo cierto es que su belleza está al alcance de todos. Desde una ceremonia del té hasta el encuadre perfecto de un jardín visto a través de una ventana, en Kioto la alta cultura tradicional japonesa vive y prospera. Al lado está Osaka, el contrapunto perfecto gracias a sus luces de neón, bares bulliciosos y vibrante energía. No se me ocurre una mejor combinación.

Thomas O'Malley

Thomas O'Malley
tomfreelance.com

Amante de los viajes y de Japón, colabora asiduamente con Lonely Planet y otras editoriales.

Tom Fay
@tomfay.jp
@T_in_Japan

Instalado en Kioto, escribe guías turísticas y sobre viajes y actividades al aire libre.

Rob Goss
@robgosswriter

Reside en Tokio y escribe sobre viajes y la cultura japonesa para publicaciones de todo el mundo.

'Geishas'.
TEKINTURKDOGAN/GETTY IMAGES ©

LO MEJOR

Templos

Se diría que en Kioto uno siempre está a dos pasos de alguno de los 1600 templos budistas que salpican la ciudad. Algunos, milenarios, representan muchos de los mayores logros de Japón en arte, arquitectura, estética y filosofía.

Parpadear ante el brillo dorado del **Kinkaku-ji,** templo zen revestido de pan de oro. (p. 118)

Beber de la cascada sagrada del **Kiyomizu-dera** y subir hasta la terraza para disfrutar de unas fabulosas vistas de Kioto. (p. 88; foto)

Pasear por el recinto sagrado del **Nanzen-ji,** paraíso zen en una colina, con pabellones y exquisitos jardines rodeados de bosque. (p. 104)

Relajarse con los hipnóticos cánticos de los monjes en el **Chion-in,** que posee el templo con la puerta más grande de Japón. (p. 86; foto)

Contemplar las 1001 estatuas de Kannon, *bodhisattva* de la compasión, reunidas en el **Sanjūsangen-dō** (p. 91)

Recorrer jardines tapizados de musgo, bosques de bambú, pabellones de madera y patios de arena rastrillada en el **Ginkaku-ji,** con estética sublime. (p. 102)

Dcha.: Kinkaku-ji (p. 118).

LO MEJOR

Jardines

Desde paisajes enmarcados por musgo hasta patios con arena rastrillada, los jardines de Kioto son detallados mundos en miniatura que muestran lo que el ser humano y la naturaleza pueden lograr si trabajan en armonía.

Reflexionar sobre el misterio insondable de las 15 rocas dispuestas sobre arena rastrillada en el **Ryōan-ji,** el jardín zen más célebre de Japón. (p. 120)

Admirar el jardín paisajista del **Tenryū-ji,** con las montañas de Arashiyama como telón de fondo. (p. 130)

Cruzar el puente al Cielo sobre un cañón lleno de arces en el **Tōfuku-ji** y pasear junto a jardines zen contemporáneos. (p. 42; foto)

Recorrer la **Ōkōchi Sansō,** lujosa villa con un exquisito jardín que perteneció a una de las primeras estrellas del cine japonés. (p. 133)

Visitar la **Katsura Rikyū,** villa imperial ajardinada, con estanques, paisajes en miniatura y casas de té tradicionales. (p. 134)

Copiar un *sutra* para calmar la mente antes de contemplar el sereno jardín del **Saihō-ji,** tapizado con delicado musgo. (p. 134; foto)

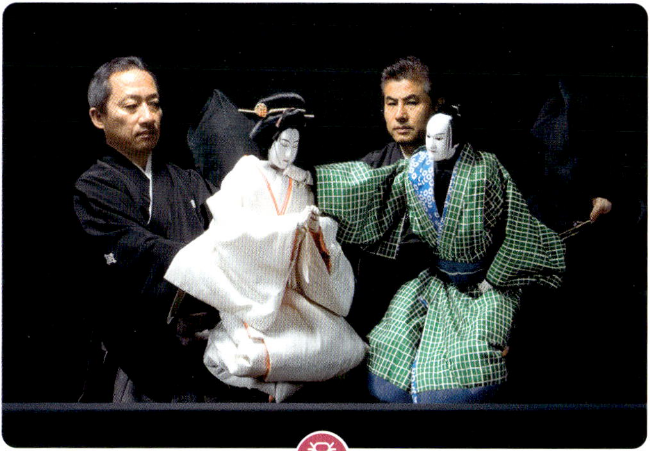

Teatro Nacional de Bunraku (p. 159).

LO MEJOR

Experiencias culturales

Desde la elegancia de las *geishas* hasta la sencillez de la ceremonia del té, Kioto es el paradigma del Japón tradicional. Antaño una ciudad sumamente reservada, hoy permite que todo el mundo disfrute de sus tesoros culturales.

Dejarse fascinar por un espectáculo de *geishas* en **Gion,** con intrincadas danzas y recitales musicales. (p. 84)

Disfrutar de una obra de kabuki en **Minamiza,** célebre por sus coloridos trajes, maquillaje estilizado y elaborada puesta en escena. (p. 94)

Contemplar cómo enormes marionetas representan historias de amor, honor y política en el **Teatro Nacional de Bunraku** de Osaka. (p. 159)

Descubrir el *sadō* ("camino del té"), pasatiempo clásico de Kioto, con una ceremonia del té en **Camellia Garden.** (p. 125)

Alquilar un kimono o un *yukata* en **Okamoto,** donde incluso se encargan del peinado. (p. 93)

LO MEJOR

Gastronomía

Los chefs de Kioto aprovechan la abundancia de productos locales y de temporada para crear platos vegetarianos que son un festín para la vista y el paladar. Más al sur, Osaka deleita con la mejor *street food* nipona.

Perderse entre los puestos de *tsukemono* (encurtidos), pasteles de arroz glutinoso, verduras tradicionales y afilados cuchillos en el **mercado de Nishiki.** (p. 54)

Degustar lo mejor de la alta cocina japonesa *(kaiseki)* en **Roan Kikunoi,** donde los platos son obras de arte comestibles. (p. 60; foto)

Deleitarse con una experiencia típica de Kioto: un banquete a base de tofu en **Yudōfu Sagano.** (p. 136)

Saborear la refinada cocina vegetariana de los monjes budistas en templos como el **Tenryū-ji,** que posee su propio restaurante. (p. 130)

Callejear por entre los neones de **Dōtombori,** en Osaka, saboreando *tako-yaki* (*dumplings* de pulpo) y *okonomiyaki* (tortitas saladas). (p. 159; foto)

Ir al barrio de **Shin-Sekai,** en Osaka, para darse un festín a base de *kushikatsu,* brochetas con salsa picante. (p. 161)

Dcha.: mercado de Nishiki (p. 54).

DE IZDA. A DCHA.: LEISA TYLER/ALAMY STOCK PHOTO ©, SUTTIPONG SUTIRATANACHAI/GETTY IMAGES ©, MARCOBRIVIO PHOTOGRAPHY/SHUTTERSTOCK ©

魚力
祝鯛
錦
錦市場ポイントカード
加盟店
椿家
福を招く
天然
祝鯛
魚力名物
はも照焼
吉祥を呼ぶ
天然
祝鯛
錦魚亭
はもお吸物

LO MEJOR

Al aire libre

Flanqueada por montañas boscosas en tres de sus lados, Kioto tiene un entorno natural sublime que invita a la exploración. Hermosa en cualquier época del año, la ciudad resplandece con los cerezos en flor en primavera y los arces rojos en otoño.

Caminar bajo cientos de *torii* (puertas tradicionales sintoístas) carmesís en **Fushimi Inari-Taisha,** vasto santuario en una colina. (p. 38)

Abrirse paso entre la multitud en el **bosque de bambú de Arashiyama,** el enclave de Kioto más popular en Instagram. (p. 133)

Avistar ciervos y monos salvajes durante una excursión fluvial por el **Hozu-gawa** a través de un escarpado valle. (p. 134)

Dar un tranquilo paseo por el **Sendero de la Filosofía,** que discurre junto a un canal y destaca por sus cerezos en flor. (p. 100)

Excursión por el Hozu-gawa (p. 134).

WIPARK KULNIRANDORN/SHUTTERSTOCK ©

LO MEJOR

Experiencias nocturnas

La noche en Kioto es un mundo de farolillos centelleantes, bares discretos y quedos pasos de *geishas* bajo la luz de la luna. En Osaka, brillan las luces y la música suena a todo volumen.

Pasear por **Ponto-chō,** pintoresco callejón de Kioto, salpicado de farolillos y con *geishas* yendo de una casa de té a otra. (p. 58)

En Osaka, unirse al bullicio de la gente en **Tenma,** laberinto de callejones con bares diminutos que sirven cerveza y tentempiés. (p. 147)

En Osaka, vive el ambiente nocturno del barrio de **Dōtombori,** con carteles de neón y extravagantes rótulos de restaurantes. (p. 159; foto)

Explorar el lado más excéntrico de **Amerika-Mura,** con bares ocultos y locales *underground*. (p. 160)

Visitar Kioto en primavera u otoño para ver iluminados algunos de sus templos más bellos, como el **Kiyomizu-dera.** (p. 88; foto)

LO MEJOR

Historia

Capital de Japón durante más de mil años y preservada de la destrucción de la II Guerra Mundial, Kioto conserva, como ninguna otra ciudad de Japón, un legado histórico vivo, tanto físico como espiritual.

Escuchar el crujido de los suelos "ruiseñor" (chirrían para alertar de intrusos) en el **Nijō-jō,** imponente castillo de los sogunes Tokugawa. (p. 52; foto)

Recorrer los recintos sagrados del **Palacio Imperial de Kioto,** antaño residencia oficial del emperador de Japón. (p. 74)

Subir a la torre del **Osaka-jō** y navegar por el foso del castillo entre monumentales murallas. (p. 156)

Explorar la refinada **Murin-an,** villa ajardinada que desempeñó un papel clave en la política japonesa de principios del s. XX. (p. 108)

Sentir el peso de la historia en el **Heian-jingū,** réplica parcial del Palacio Imperial (año 794). (p. 108; foto)

Dcha.: Osaka-jō (p. 156).

LO MEJOR

Experiencias artísticas

Algunas de las mejores joyas artísticas de Kioto están en sus templos, pero solo suelen mostrarse al público una vez al año. El resto del tiempo, los siguientes espacios son ideales para disfrutar del arte en todas sus formas.

Visitar el **Museo Nacional de Arte Moderno,** con soberbias colecciones de pintura contemporánea, cerámica, laca y textiles. (p. 109)

Recorrer los museos de **Naka-no-shima,** isla flanqueada por dos ríos en el corazón de Osaka. (p. 147)

Descubrir las artes tradicionales japonesas, desde pintura medieval hasta armaduras de samurái, en el **Museo Nacional de Kioto.** (p. 93)

Admirar biombos pintados *(byōbu)* de la era Edo en el bello **Museo de Arte Fukuda.** (p. 135)

Ir al **Museo de Arte Kyocera** para ver exposiciones de artistas como Banksy y Andy Warhol. (p. 108)

Museo Nacional de Arte Moderno (p. 109).

JASON KNOTT/ALAMY STOCK PHOTO ©

Lo mejor para niños

Hacer cola para una carrera de Mario Kart en los **Universal Studios Japan** (p. 147) y montarse en una escoba para vivir aventuras con Harry Potter y sus amigos.

Descubrir pingüinos y medusas en el **Acuario Kaiyukan de Osaka** (p. 148) y saludar a *Kai*, un gigantesco tiburón ballena.

Visitar el fascinante **Museo del Ferrocarril de Kioto** (p. 43), con locomotoras, trenes en miniatura y paseos en un tren de vapor.

Disfrutar en el **Parque de los Monos de Arashiyama** (p. 135), con más de 100 ejemplares en libertad, a los que puede darse de comer desde una cabaña.

Rozar el cielo en la **noria Hep Five** (p. 143), que emerge del tejado de un centro comercial.

Lo mejor gratis

Todos los santuarios sintoístas de Kioto son gratuitos; se puede visitar el animado **Yasaka-jinja** (p. 92) mientras se explora el sur de Higashiyama.

El pabellón principal del **Higashi Hongan-ji** (p. 42), templo que acoge uno de los edificios de madera más grandes de Japón, es un mar de tatamis.

Repleto de hermosos árboles, el **parque del Palacio Imperial de Kioto** (p. 74) es ideal para un pícnic.

El **Museo del Ramen Instantáneo** (p. 148), en Osaka, es gratuito, pero para llevarse un cuenco de fideos personalizados hay que pagar.

El **Sumi-yoshi Taisha** (p. 165), bajo una arboleda, es el santuario más evocador de Osaka.

Tres días perfectos

Desde ideas para un día lluvioso hasta excursiones por la ciudad, estos itinerarios son ideales para disfrutar al máximo de Kioto y Osaka, por breve que sea la estancia.

Bosque de bambú de Arashiyama (p. 133).

DE IZDA. A DCHA.: GREG ELMS/LONELY PLANET ©, ALLA TSYGANOVA/SHUTTERSTOCK ©, COWARDLION/ SHUTTERSTOCK ©, ALLA TSYGANOVA/SHUTTERSTOCK ©

PRIMER DÍA

Si solo se dispone de un día

MAÑANA

Se dedican unas horas a explorar los principales reclamos del sur de Higashiyama: primero el **Kiyomizu-dera** (p. 88) y luego **las calles Sannen-zaka**y **Ninen-zaka** (p. 92).

TARDE

Tras el almuerzo, se va al **Kennin-ji** (p. 93) para admirar su techo pintado con dragones y sus jardines paisajistas, y se sigue hacia el norte para visitar el **Yasaka-jinja** (p. 92) y el **Chion-in** (p. 86).

NOCHE

Se pasea por el histórico **barrio de 'geishas' de Gion** (p. 84; foto) –quizá se vean algunas luciendo un kimono– y se disfruta de una cena *gourmet* japonesa *(kaiseki ryōri)* en el **Roan Kikunoi** (p. 60; se debe reservar con antelación).

SEGUNDO DÍA

Un fin de semana

MAÑANA

Se empieza el día yendo en autobús al noroeste de Kioto para visitar dos de sus templos más icónicos: el dorado **Kinkaku-ji** (p. 118) y el enigmático **Ryōan-ji** (p. 120), ideal para almorzar a base de *yudōfu* (tofu cocido) en el **Seigen-in** (p. 124).

TARDE

Desde allí, se pasea hacia el sur hasta los tranquilos templos **Myōshin-ji** y **Ninna-ji** (p. 117; foto) y se visitan los jardines del subtemplo Taizo-in, dentro del Myōshin-ji.

NOCHE

De noche, el noroeste de Kioto es muy tranquilo. Conviene cenar en Gion: desde *teppan-yaki* en el modesto **Gion Danran** (p. 96) hasta anguila a la parrilla en el selecto **Gion Uokeya U** (p. 96).

TERCER DÍA

Una escapada

MAÑANA

Se llega temprano a Arashiyama para poder recorrer su famoso **bosque de bambú** (p. 133) con pocos visitantes; luego se visitan el **Tenryu-ji** (p. 130; foto) y la villa **Ōkōchi Sansō** (p. 133).

TARDE

Si hace buen tiempo, tras el almuerzo se da un **paseo en barco por el Hozu-gawa** (p. 134): un recorrido (2 h) que, según la estación, ofrece vistas de cerezos en flor, vegetación exuberante, follaje rojizo o incluso algo de nieve.

NOCHE

Después de Arashiyama, se va al centro para cenar en un restaurante de *sushi*. **Tai Sushi** (p. 63) e **Isami Sushi** (p. 63) son buenas opciones bastante asequibles.

Con más tiempo

MAÑANA

Se explora la zona norte de Higashiyama: primero se efectúa un circuito guiado gratuito por la **villa imperial Shūgaku-in Rikyū** (p. 110) y luego se visitan los templos **Manshu-in** (p. 111), **Enkō-ji** (p. 110) y **Shisen-dō** (p. 109).

TARDE

Después de tomar un cuenco de *ramen* en la **calle del Ramen de Ichijōji** (p. 111), con una veintena de locales entre los que elegir, se va al sur para visitar el **Ginkaku-ji** (p. 102; "Pabellón de Plata"). Si aún quedan fuerzas, se puede dar un paseo por el **Sendero de la Filósofía** (p. 100).

NOCHE

Si se visita Kioto en otoño, no hay que perderse el **Eikan-dō** (p. 109), al sur del Sendero de la Filosofía, con impresionantes arces iluminados. Desde allí, un corto trayecto en taxi lleva al centro para cenar; una buena opción es **Giro Giro Hitoshina** (p. 63), que ofrece una versión informal y asequible de una cena *gourmet* japonesa *(kaiseki ryōri)*.

Hojas otoñales, villa imperial Shūgaku-in Rikyū (p. 110).

AARONCHENPS2/SHUTTERSTOCK ©

Una excursión

Osaka, la tercera ciudad de Japón, queda a 23 min de Kioto en el tren Special Rapid Service de la línea JR Kyoto, y ofrece un contraste inolvidable con Kioto, mucho más tradicional.

Por la mañana se exploran las modernas y variadas atracciones de Umeda, en la **zona de Kita** (p. 141) y luego se va al sur para pasar el día en **Minami** (p. 153). Se disfruta de la vista panorámica desde el **Abeno Harukas** (p. 162; foto), el edificio más alto de Osaka. Luego se visita el **barrio de Shin-Sekai** (p. 161), de estilo retro, y después el **Shitennō-ji** (p. 164), antes de terminar la jornada en **Dōtombori** (p. 159), lleno de luces de neón, donde se podrá cenar, tomar una copa y disfrutar del ambiente nocturno de Osaka.

En un día de lluvia

MAÑANA

Se visitan los museos del parque Okazaki (salvo que sea lunes, porque cierran): el **Museo de Arte Kyocera** (p. 108), el **Museo Nacional de Arte Moderno** (p. 109) y el **Museo de Artesanía y Diseño de Kioto** (p. 109).

TARDE

Se va al centro en autobús y se recorre el **mercado de Nishiki** (p. 54), cubierto y perfecto para picar algo o almorzar. También pueden visitarse las galerías comerciales de Shinkyogoku y Teramachi, y luego ir en autobús al **Nijō-jō** (p. 52).

NOCHE

Las callejuelas de **Ponto-chō** (p. 58; foto) resguardan ligeramente de la lluvia y cuentan con bares y restaurantes para todos los bolsillos.

Prepararse

ANTES DE PARTIR

Tres meses antes Alojamiento en temporada alta: primavera (fin mar-med abr) y otoño (nov).

Un mes antes Restaurantes con estrellas Michelin u otros locales populares.

Dos semanas antes Circuitos gratuitos a la villa **Shūgaku-in Rikyū** (p. 110) y al **Palacio Imperial Sentō de Kioto** (p. 74).

Costumbres

Osaka y Kioto están llenas de carteles sobre cómo comportarse, a menudo orientados a reducir las crecientes tensiones provocadas por el turismo masivo. Casi todas las normas se basan en el sentido común: no tirar basura, no hacer ruido en lugares tranquilos, no fumar fuera de las zonas designadas, no subir al autobús con equipaje voluminoso, etc. En los templos y otros lugares similares, hay indicaciones sobre dónde descalzarse o si se permite hacer fotos.

Palillos

A nadie le importará que el viajero no sepa utilizar los palillos correctamente, pero deben respetarse ciertas normas: no pueden utilizarse para señalar algo -por su asociación con los funerales-, ni clavarse verticalmente en un cuenco de arroz, ni emplearse para pasar comida a otros palillos. Tampoco es correcto dejarlos cruzados: deben colocarse en paralelo sobre un soporte para palillos o en un plato.

Conviene saber

Desayuno Más allá de las cadenas de cafés, puede ser difícil encontrar dónde desayunar antes de las 9.00 o las 10.00. Por comodidad, conviene hacerlo en el hotel, pero, si se desea ahorrar, puede comprarse algo la noche anterior en una panadería o tienda.

Multitudes En Kioto, las atracciones más famosas (y los autobuses que llevan a ellas) pueden estar muy concurridas, pero la ciudad también cuenta con muchos sitios tranquilos. Conviene visitar los lugares más famosos a primera hora para evitar el gentío y dedicar el resto del día a rincones menos conocidos.

Día de cierre Muchos museos y galerías cierran los lunes. Sin embargo, si un lunes es festivo, suelen abrir ese día y cerrar el martes en su lugar. Comprobarlo antes de ir.

PROPINAS

En Japón no se acostumbra a dejar propina en ningún lugar (taxis, restaurantes, hoteles, etc.). Nadie la espera y, de hecho, podría incomodar. Un agradecimiento sincero es más que suficiente.

PRESUPUESTO DIARIO

Económico **Menos de 15 000 ¥**

- Dormitorio: **desde 3000 ¥**
- Alquiler de bicicleta: **desde 800 ¥/día** (si es eléctrica, más)
- Cena con bebida en una *izakaya* de cadena: **3000-5000 ¥**
- Abono diario de autobús y metro: **1100 ¥**

Medio **Entre 15 000-30 000 ¥**

- Habitación doble: **desde 15 000 ¥**
- Menú degustación de *kaiseki*: **desde 5000 ¥**
- Circuito guiado en grupo: **3000-7000 ¥/persona**
- Ceremonia del té en grupo: **desde 3000 ¥/persona**

Alto **Más de 30 000 ¥**

- Habitación doble en hotel de lujo: **desde 25 000 ¥**
- Cena *kaiseki* de varios platos: **desde 20 000 ¥**
- Guía privado con automóvil (medio día): **desde 25 000 ¥**
- Ceremonia del té privada: **desde 6000 ¥/persona**

Moneda
Yen

Idioma
Japonés

Hora local
Hora estándar de Japón (GMT + 9 h)

THAVORNC/SHUTTERSTOCK ©

CONSEJO

En Tokio y la región de Kanto, la gente se coloca en el lado izquierdo de las escaleras mecánicas y sube por el derecho. En Osaka es al revés. En Kioto no hay una norma definida, pero suele seguirse la costumbre de Osaka: quedarse a la derecha y subir por la izquierda.

Cuándo ir

El mejor momento para visitar Kioto y Osaka depende de las preferencias personales.

Los principales lugares de interés de Kioto adquieren una magia especial en primavera, con los cerezos en flor, y en otoño, con el follaje rojizo. El clima suave y soleado de estas estaciones es ideal para pasear, pero hay más turistas y el alojamiento también es más caro.

En verano, el calor y la humedad de Osaka y Kioto pueden dificultar las actividades al aire libre, pero es la mejor época para los festivales. En invierno (temporada baja) hace frío, pero hay menos gente y quizá puedan verse lugares icónicos nevados, como, por ejemplo, el templo de Kinkaku-ji.

Grandes eventos tradicionales

Mayo Se celebra el **Aoi Matsuri,** el festival anual de los santuarios Kamigamo y Shimogamo. Del Palacio Imperial parte una procesión con vestimentas de la era Heian (794-1185).

Julio (Kioto) En todo el mes se celebra el **Gion Matsuri,** con múltiples eventos y fiestas callejeras. Destacan los desfiles de carrozas tradicionales entre las calles Shijo y Kawaramachi los días 17 y 24.

Julio (Osaka) El principal acontecimiento estival es el **Tenjin Matsuri.** Se remonta al año 951 y combina fuegos artificiales y procesiones tradicionales por tierra y agua.

Octubre El **Jidai Matsuri** (el tercero de los tres grandes festivales de Kioto) presenta un desfile de trajes de época que recorren la historia japonesa: desde el s. VII hasta la Restauración Meiji (1868).

Clima

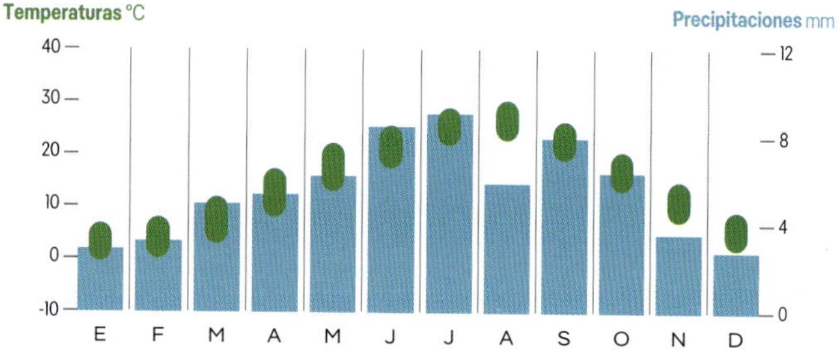

JASONYAN/SHUTTERSTOCK ©

Tenjin Matsuri.

Celebraciones contemporáneas

Mayo Los aficionados al *anime,* el manga y el cine se reúnen en el centro de exposiciones Intex para la **Osaka Comic Con,** que también atrae a multitud de *cosplayers* y algunas celebridades de Hollywood.

Julio El centro de exposiciones Miyako Messe de Kioto acoge el **Bit Summit** (tres días), donde desarrolladores japoneses de videojuegos independientes presentan sus últimas creaciones.

Agosto Los amantes de la música desafían el calor y la humedad del verano en Osaka (y en recintos asociados de Tokio) para asistir al festival **Summer Sonic,** que en los últimos años ha atraído a artistas internacionales como Blur, Kendrick Lamar, Post Malone y Liam Gallagher.

Octubre Durante un fin de semana, el **Rainbow Festa,** el mayor y más animado festival del Orgullo de la región de Kansai, toma las calles de Osaka con desfiles, fiestas y mucho más.

CONSEJO SOBRE ALOJAMIENTO

En las temporadas altas de Kioto -la floración de los cerezos (fin mar-med abr) y el follaje otoñal (nov)- los precios suben y la disponibilidad baja. La Semana Dorada (29 abr-6 may) y las festividades del O-bon (med ago) también son épocas muy concurridas. Para estos períodos, reservar con meses de antelación.

Cómo llegar

Quienes vuelen directamente a la región de Kansai llegarán al aeropuerto internacional de Kansai (KIX), en Osaka, de donde parten autobuses y trenes a Kioto y al centro de Osaka. Quien llegue desde otros lugares de Japón seguramente lo hará en tren.

Del aeropuerto al centro urbano

En tren

JR Haruka Express

Conecta el aeropuerto (KIX) con la estación de Kioto en 80 min. Sale dos veces por hora (6.31-22.16; 5.45-20.30 en sentido contrario). También para en Tennoji, Osaka y Shin-Osaka. El trayecto hasta Kioto cuesta 3640 ¥, pero suele haber importantes descuentos. Consúltese *westjr.co.jp*.

En autobús

Kansai Airport Limousine Bus

Conecta el aeropuerto con la estación de Kioto. Sale de la terminal 1 cada 30 min, aprox. (6.45-23.05; desde las 9.47 desde la terminal 2). El trayecto dura 1½ h (según el tráfico) y cuesta 2600 ¥. La misma compañía también conecta el aeropuerto con la estación de Osaka (1 h). Consúltese *kate.co.jp/en*.

En taxi

Un taxi privado de tarifa fija entre el aeropuerto de Osaka y la estación de Kioto cuesta 21000 ¥ con MK Taxi *(mktaxi-japan.com)*. Para una opción más económica, Yasaka ofrece un servicio compartido en microbús desde la terminal 1 por 4300 ¥/persona. Debe reservarse con una antelación mínima de dos días en *yasakataxi.jp/english/shuttle*.

Otras formas de llegar

'Shinkansen' (tren bala) a Kioto

El servicio Nozomi de la línea Tōkaidō de *shinkansen* conecta Tokio con Kioto en poco más de 2 h, con salidas cada 10-15 min (6.00-21.30). Pero el Nozomi no está incluido en el JR Rail Pass. Para utilizar este pase hay que tomar los trenes Hikari y Kodama. Los tres paran en Nagoya y continúan hacia la estación de Shin-Osaka, en Osaka. Si se sigue más al oeste, la línea Sanyō de *shinkansen* enlaza Kioto con Kobe, Hiroshima y Fukuoka.

Trenes Kioto-Osaka

El *shinkansen* efectúa el trayecto entre Shin-Osaka y Kioto en 13 min (3080 ¥), pero sale mucho más a cuenta tomar el Special Rapid Service de la línea JR Kyoto: tarda 23 min, cuesta 580 ¥ y también para en la estación de Osaka (28 min desde Kioto).

Cómo desplazarse

Ya sea en autobús, metro o tren, tanto Kioto como Osaka poseen eficientes redes de transporte que enlazan los principales lugares de interés. Si a ello se suman abonos que ayudan a ahorrar, sistemas de alquiler de bicis, y centros urbanos muy accesibles a pie, hay muchas formas de desplazarse por ambas ciudades.

Autobuses urbanos: Kioto

La red City Bus (autobuses verde claro) cubre gran parte de Kioto, y casi todos los trayectos tienen un precio fijo (230 ¥). Se sube por la puerta central y se baja por la delantera, junto al conductor, donde también se paga, ya sea depositando el importe exacto en una máquina, escaneando una tarjeta IC o mostrando al conductor el abono (con fecha) de transporte. En la oficina de autobuses, en el lado norte de la estación de Kioto, puede conseguirse un plano de las rutas.

Bicicletas: Kioto

Kioto es ideal para recorrer en bici. Hay dos opciones: alquilar una o usar el sistema de bicicletas compartidas. La web *kyoto-bicycle.com/en/rental_search* detalla en inglés el funcionamiento y los precios de ambos sistemas. Además, incluye puntos de alquiler, zonas de aparcamiento y normas de circulación. Para el uso compartido, Koto Bike *(kotobike.jp/en/kyoto)* ofrece opcio-

'APP' ESENCIAL

La *app* Japan Travel by Navtime incluye un planificador de rutas en transporte público (en inglés).

DE IZDA. A DCHA.: LJUPCO/GETTY IMAGES ©, TUPUNGATO/SHUTTERSTOCK ©

nes flexibles: desde 15 min hasta tres días.

Metro y tren: Kioto

Kioto cuenta con dos líneas de metro municipales que se cruzan en el centro. La Tozai va de este a oeste y pasa por lugares como el Nijō-jō y el Heian-jingū; la Karasuma va de norte a sur y conecta con la estación de Kioto. Además, hay las líneas de Japan Rail (JR) y cuatro líneas privadas (Hankyū, Keihan, Kintestu y Randen), útiles para llegar a zonas alejadas del centro.

Metro: Osaka

Osaka también cuenta con autobuses y trenes, pero el metro (ocho líneas) es lo más práctico. La línea Midosuji es la más útil: recorre la ciudad de norte a sur y enlaza con puntos clave, como Shin-Osaka (donde para el *shinkansen*), Umeda (cerca de la estación JR de Osaka), Namba y Tennoji. Para más información sobre otras líneas y abonos, consultar *subway.osakametro.co.jp/en*.

A pie

Tanto Kioto como Osaka son ciudades relativamente seguras y excelentes para recorrer a pie. Si se está habituado a caminar, la mayoría de los barrios recogidos en esta guía pueden explorarse totalmente (o casi) a pie; solo se precisará el transporte público para desplazarse entre ellos.

Información práctica

Tarjetas de transporte prepago (IC)

Para mayor comodidad, conviene adquirir una tarjeta ICOCA. Válida en Kioto y Osaka para metro, tren y autobús, basta con escanearla en los lectores de los accesos o en las máquinas de pago. También se aceptan en tiendas 24 h y otros comercios. Por un depósito reembolsable de 500 ¥, se puede comprar una tarjeta ICOCA en cualquier máquina del metro o tren con el correspondiente logotipo, y recargarla en cualquier máquina con la opción "ICチャージ" (recarga IC). Las tarjetas Pasmo y Suica de Tokio también son válidas en Kioto y Osaka.

Consejos para ir en autobús

Dado el elevado número de turistas, el sistema de autobuses de Kioto a menudo se ve sobrecargado, lo que ha generado cierta tensión entre los residentes. Para aliviar esta presión, se aconseja evitar las horas punta: 7.00-9.00 y 18.00-19.00. Además, para no provocar retrasos, conviene prepararse para pagar al apearse del autobús: con una tarjeta IC o con monedas. La máquina solo acepta el importe exacto, pero permite cambiar billetes por monedas antes de pagar.

Turismo sin equipaje

Una de las recomendaciones más habituales en los carteles de normas cívicas de Kioto es no llevar equipaje voluminoso en los autobuses y trenes. Con este fin, el Ayuntamiento ha creado una web específica sobre turismo sin equipaje *(hands-free.kyoto.travel)* que indica dónde encontrar taquillas, consignas para maletas grandes y servicios de envío de equipaje. En el aeropuerto internacional de Kansai, se puede enviar el equipaje directamente al hotel con JAL ABC *(https://www.jalabc.com/en.html)*.

PRECIO

Alquiler de bici en Kioto
60 ¥: 15 min; 1300 ¥: 24 h

Taxi
600 ¥: primeros 2 km; 80 ¥: cada 400 m adicionales

Taquilla (1 día) para equipaje
300 ¥: pequeño;
700 ¥: grande

CONSEJO

Siempre hay que aparcar la bicicleta en las zonas designadas, o podría ser retirada; recuperarla conlleva una multa de 3500 ¥.

ABONOS

Tanto Kioto como Osaka cuentan con varios abonos de un día. Los mejores son:

Kioto: abono de un día para autobús y metro Cuesta 1100 ¥ y es válido para todas las líneas de metro y autobús urbano.

Osaka: abono de un día Cuesta 820 ¥ (610 ¥ en fines de semana y festivos). Viajes ilimitados en metro y autobús.

Osaka Amazing Pass Cuesta 2800 ¥. Viajes ilimitados en metro, autobús y tren por la mayor parte de la ciudad, además de entrada gratuita o descuentos en 40 lugares turísticos.

Máquinas expendedoras, estación JR de Kioto.

Otra cara de Kioto y Osaka

La capital cultural de Japón es una asombrosa mezcla de tradición y modernidad, mientras que Osaka posee un carácter desenfadado.

Camas para anguilas

Kioto no sería tal sin sus *machiya:* casas tradicionales de madera que se concentran en zonas como **Gion** (p. 84). Estrechas, pero alargadas, antaño servían como vivienda y lugar de trabajo para la floreciente burguesía japonesa del período Edo. Tenían una fachada con celosía que daba a la calle y las estancias privadas estaban al fondo. La forma alargada se debe a que los impuestos dependían del ancho de la fachada, lo que les valió el apodo de *unagi no nedoko* (cama para anguilas). Poseen un gran valor cultural, pero su mantenimiento es costoso y algunas aún se derriban. Varias son hoy alojamientos turísticos, disponibles en plataformas como Airbnb y *machiya-inn-japan.com.*

Sellos espirituales

En Kioto, seguramente se visitarán muchos templos y santuarios. En tal caso, ¿por qué no adquirir un *goshuincho* (libro de sellos) y convertir la experiencia en un juego? Se trata de un cuaderno en blanco en el que, a cambio de un pequeño donativo, el templo o santuario estampa un sello caligráfico que atestigua la visita. Al final se tendrá un precioso (aunque ilegible) recuerdo. Se puede comprar en lugares como el **Kinkaku-ji** (p. 118) y el **Fushimi Inari-Taisha** (p. 38).

Comer hasta arruinarse

El lema de Osaka es *kuidaore,* que viene del dicho popular *Kyo no kidaore, Osaka no kuidaore* ('Mientras la gente de Kioto desperdicia su fortuna en kimonos, la de Osaka la gasta en comida'). Se puede buscar a Kuidaore Tarō en **Dōtombori** (p. 159), un payaso tamborilero que ha sido la mascota de la cultura gastronómica de Osaka desde la década de 1950.

FUERA DE RUTA

Elegir entre 5460 combinaciones para crear un *ramen* en el **Museo del Ramen Instantáneo** (p. 148).

Admirar las 1000 estatuas de Kannon en el **Sanjūsangen-dō** (p. 91).

Probar suerte en los juegos de tiro con arco en **Shin-Sekai** (p. 161).

Atreverse con una cata de 18 tipos de sake en el **Fushimi Sake Village** (p. 44), o un *ramen* al sake.

DEKITATEYO/SHUTTERSTOCK ©

'Machiya' (casa tradicional), Gion (p. 84).

TAYAWEE SUPAN/SHUTTERSTOCK ©

Kuidaore Tarō, Dōtombori (p. 159).

Explora Kioto

Circuitos a pie

Bosque de bambú, Arashiyama (p. 133).
GUITAR PHOTOGRAPHER/SHUTTERSTOCK ©

Sugerencias de lugares para comer, beber y comprar en **p. 45**

Explora
Estación de Kioto y sur de Kioto

Tanto si se llega en el *shinkansen* como en el expreso del aeropuerto de Kansai, lo más probable es que la estación de Kioto sea el primer contacto con la mítica ciudad cultural de Japón. Puede que este colosal icono de acero y cristal no sea lo que uno esperaba, pero Kioto tiene muchas caras, y es justamente en esta zona donde confluyen modernidad y tradición. Antes de ir hacia los paisajes de las colinas, conviene descubrir los tesoros de este barrio, como los templos gemelos de Higashi Hongan-ji y Nishi Hongan-ji, y subir a la Torre de Kioto, ideal para orientarse. Más al sur aguardan el Fushimi Inari-Taisha y el Tōfuku-ji, ambos de cita obligada. Si se dispone de tiempo, conviene ir a los productores de sake de Fushimi y a las tiendas de *matcha* de Uji.

Cómo desplazarse

Tren

Las líneas Keihan y JR conectan la estación de Kioto con el Tōfuku-ji (1 parada) y el Fushimi Inari-Taisha (3 paradas). Siguiendo hacia el sur, se llega al Fushimi Sake Village y a Uji. Desde la estación de Kioto, la línea Kioto (Kintetsu) lleva al To-ji (1 parada) y la JR San-In va al Museo del Ferrocarril de Kioto (1 parada).

Autobús

La estación de Kioto también es el principal centro de autobuses, pero muchos de los sitios cercanos, como el Higashi Hongan-ji y el Nishi Hongan-ji, son más accesibles a pie.

Higashi Hongan-ji (p. 42).

COWARDLION/SHUTTERSTOCK ©

★

LO MEJOR

Recorrer un túnel de *torii* carmesís en el **FUSHIMI INARI-TAISHA** (p. 38), el santuario más fascinante de Kioto.

Contemplar los jardines zen modernos del **TŌFUKU-JI** (p. 42), un complejo de templos en un entorno sublime.

Divertirse en el **MUSEO DEL FERROCARRIL DE KIOTO** (p. 43).

Caminar sobre tatamis en el **HIGASHI HONGAN-JI** (p. 42).

CIRCUITO A PIE

Paseo por la zona de la estación de Kioto

Además de hoteles, restaurantes y muchos viajeros, en esta zona también hay callejuelas residenciales y poco transitadas, por las que discurre la mayor parte de esta ruta circular, con majestuosos templos budistas, un jardín secreto, la mayor *machiya* (casa tradicional) de Kioto y el divertido Museo del Ferrocarril de Kioto.

INICIO	FINAL	DURACIÓN
Estación de Kioto	Estación de Kioto	4 km; 2½ h

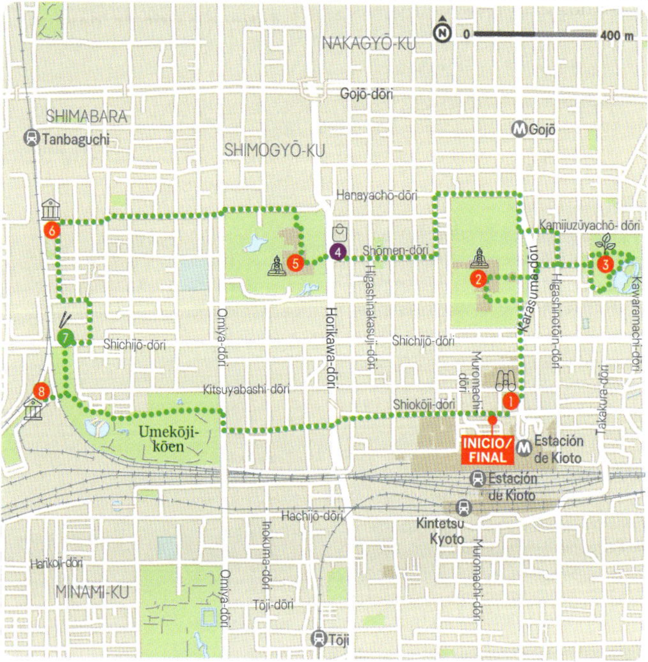

1 Kioto desde lo alto

Conviene detenerse a contemplar la inmensa, futurista y polémica **estación de tren de Kioto** (p. 42). Las escaleras mecánicas llevan a un jardín en la azotea (15ª planta) y al Skyway, un corredor elevado con vistas hacia la Torre de Kioto.

2 Un mar de tatamis

Se sigue hacia el norte hasta el **Higashi Hongan-ji** (p. 42), un monumental complejo budista. Hay que descalzarse para entrar en el salón del Fundador (Goei-dō), tan enorme que se precisan 927 tatamis para cubrir el suelo.

3 Pasear entre jardines

Se sale por la majestuosa puerta Goeila-dō-mon, se cruza la calle y se sigue hacia el oeste hasta el jardín **Shōsei-en** (p. 43). Un sendero pasa junto a casas de té y un estanque; se sale por donde se ha entrado y se gira por la segunda calle a la derecha (Higashinotoin-dōri), donde se halla la tienda de abanicos Kyosendo.

4 Una pausa aromática

Se rodea el muro norte del Higashi Hongan-ji y luego se baja por Shimmachi-dōri. Al llegar a Shomen-dōri, se dobla a la derecha. Se pasa frente a tiendas de accesorios para *butsudan* (altares domésticos) hasta llegar a la puerta ornamentada Higashi Sōmon, y se dobla a la derecha para descubrir la fabulosa **Kungyokudo** (p. 47): la tienda de incienso más antigua de Japón.

5 Cisma religioso

Se cruza la calle principal y se entra en el **Nishi Hongan-ji** (p. 43), casi idéntico al Higashi Hongan-ji (*nishi* significa “oeste” y *higashi,* “este”). Ambos templos pertenecen a la escuela Jōdo Shinshū, pero en el s. XV se separaron por disputas internas.

6 Antiguo barrio de ‘geishas’

Se sale del templo por la puerta norte y se rodea el muro exterior hacia el oeste. Se sigue por Hanayacho-dōri hasta la puerta que delimita Shimabara, un antiguo barrio de *geishas* que alberga una *ageya* (casa de entretenimiento tradicional) de madera muy bien conservada, hoy convertida en el **Museo de Arte Cultural Sumiya** (lu cerrado).

7 y 8 ¡Todos a bordo!

Se va hacia el sur para tomar algo en **Kobushi Ramen** (p. 45) y se termina en el **Museo del Ferrocarril de Kioto** (p. 43). Tras admirar antiguos trenes de vapor y el primer *shinkansen*, se puede pasear por el apacible parque Umekoji y luego regresar a la estación de Kioto.

★ IMPRESCINDIBLE

Fushimi Inari-Taisha

Seguramente se habrán visto fotos del túnel de *torii* carmesís de este santuario dedicado a Inari, deidad del arroz y la prosperidad, pero el Fushimi Inari-Taisha (伏見稲荷大社) no solo es ideal para selfis: constituye todo un mundo, con mágicos zorros guardianes y pequeños santuarios en la ladera conectados por senderos arbolados.

PLANO: P. 40 **H6**

CONSEJO
Subir a los pequeños santuarios que salpican el monte Inari lleva 2-3 h. Para evitar multitudes con palos de selfis, conviene ir temprano o al anochecer; en teoría, el santuario nunca cierra.

Miles de 'torii'

Se dice que las *torii* (puertas sintoístas) marcan la frontera entre el mundo físico y el espiritual; de ahí que atravesar un túnel formado por cientos de ellas pueda equivaler a un auténtico viaje interior. Cada puerta ha sido donada como ofrenda a Inari. ¿El precio de la buena fortuna? Hasta un millón de yenes cada *torii*.

Subir al monte Inari

Unos 4 km de senderos suben desde los santuarios principales hasta la cima del Inariyama (233 m). Por el camino hay pequeños santuarios, casas de té, áreas de descanso y vistas panorámicas de Kioto. El Fushimi Inari-Taisha data del s. VIII, antes de que Kioto fuera la capital, y sus orígenes se asocian con el poderoso clan Hata. Hoy es el santuario principal de los más de 30 000 templos dedicados a Inari en Japón.

Zorros fantásticos

¿Por qué hay tantas estatuas de zorros? En el folclore japonés, se cree que los *kitsune* (zorros) son criaturas inteligentes y mágicas, y en la tradi-

Túnel de 'torii'.
COWARDLION/SHUTTERSTOCK ©

ción sintoísta se los considera mensajeros de Inari. La llave que sujetan en la boca abre el granero de arroz, símbolo de fertilidad agrícola y abundancia.

Para pedir un deseo, se puede comprar una *ema* (tablilla votiva) en forma de zorro: en una cara se escribe el deseo; en la otra, se dibuja el rostro del animal.

Escanea este código QR para consultar la historia, planos y una guía mensual de festivales y eventos.

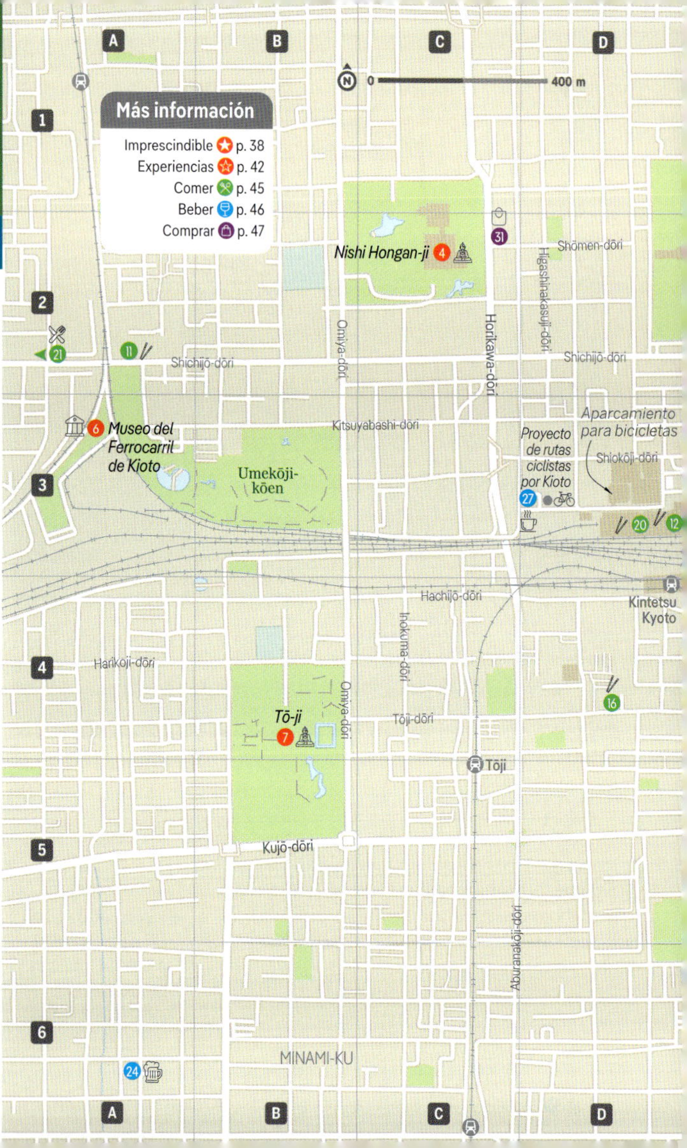
Más información
Imprescindible p. 38
Experiencias p. 42
Comer p. 45
Beber p. 46
Comprar p. 47
0 400 m
Nishi Hongan-ji
Shōmen-dōri
Higashinakasuji-dōri
Omiya-dōri
Horikawa-dōri
Shichijō-dōri
Kitsuyabashi-dōri
Museo del Ferrocarril de Kioto
Umekōji-kōen
Proyecto de rutas ciclistas por Kioto
Aparcamiento para bicicletas
Shiokōji-dōri
Hachijō-dōri
Kintetsu Kyoto
Inokuma-dōri
Harikoji-dōri
Tō-ji
Tōji-dōri
Tōji
Kujō-dōri
Aburanokōji-dōri
MINAMI-KU
A
B
C
D
1
2
3
4
5
6

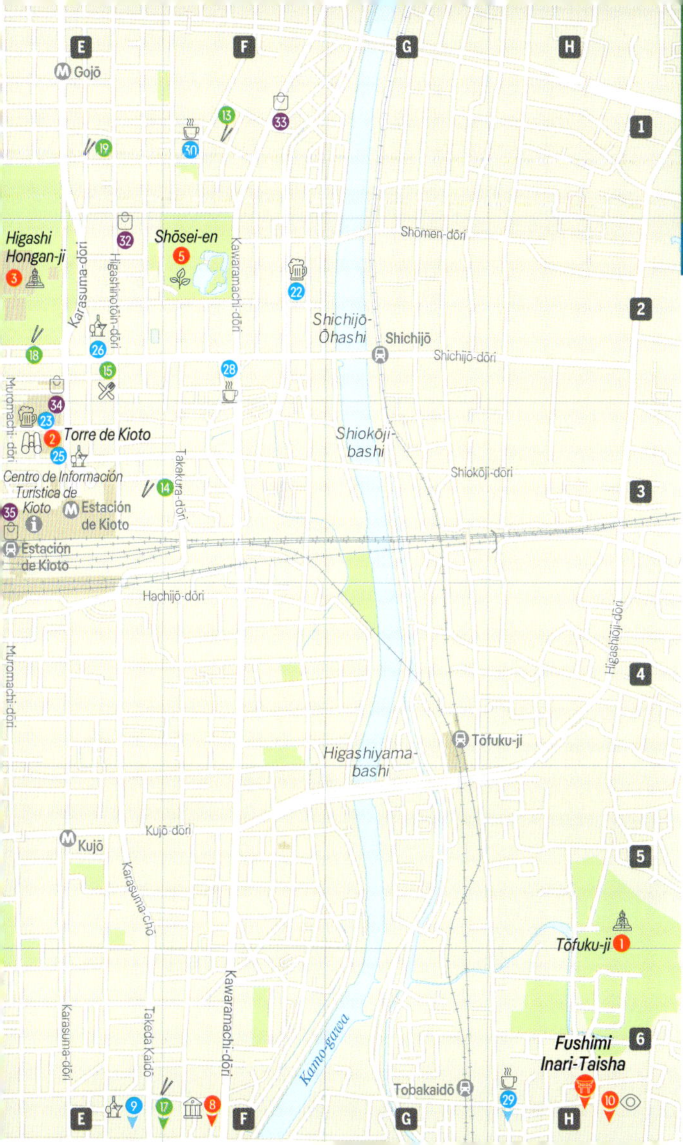
E
F
G
H
1
2
3
4
5
6
Gojō
13
33
19
30
32
Higashi Hongan-ji
3
Karasuma-dōri
Higashinotōin-dōri
Shōsei-en
5
Kawaramachi-dōri
22
Shōmen-dōri
Shichijō-Ōhashi
Shichijō
Shichijō-dōri
26
18
15
28
34
23
Muromachi-dōri
2
Torre de Kioto
25
Shiokōji-bashi
Shiokōji-dōri
Centro de Información Turística de Kioto
14
Takakura-dōri
35
Estación de Kioto
Estación de Kioto
Hachijō-dōri
Higashiōji-dōri
Muromachi-dōri
Tōfuku-ji
Higashiyama-bashi
Kujō-dōri
Kujō
Karasuma-chō
Tōfuku-ji
1
Kawaramachi-dōri
Kamo-gawa
Karasuma-dōri
Takeda Kaidō
Fushimi Inari-Taisha
Tobakaidō
29
9
17
8
10

EXPERIENCIAS

Cruzar el puente al Cielo en el Tōfuku-ji
TEMPLO BUDISTA

PLANO: 1 P. 40 H5

El **Tōfuku-ji** (東福寺), uno de los cinco grandes templos zen de Kioto, seduce por tres razones: la arquitectura de sus pabellones, puertas y puentes; los jardines zen creados por un maestro moderno, y el modo en que el conjunto se despliega sobre un cañón lleno de arces que en otoño se tiñen de rojo y dorado. El **Tsūten-kyō** ("puente al Cielo") es ideal para contemplar el follaje otoñal y une el recinto principal con el *hōjō* (aposento del abad), en torno al cual se extienden jardines secos diseñados por el artista vanguardista Shigemori Mirei. En el jardín orientado al sur hay grupos de rocas sobre grava rastrillada que representan las míticas islas de los Inmortales, y el jardín oriental presenta antiguos pilares de piedra dispuestos como la Osa Mayor. Otro de los grandes reclamos del templo es su **San-mon** (puerta principal), una de las más antiguas de Japón. El Tōfuku-ji está a una parada de la estación de Kioto, en la línea Nara.

Rozar las nubes en la Torre de Kioto
MIRADOR

PLANO: 2 P. 40 E3

Criticada por ser demasiado moderna para una ciudad milenaria, la **Torre de Kioto** (131 m) fue construida durante el *boom* de la década de 1960. Desde su mirador se divisan las montañas que rodean Kioto, tejados de templos ocultos en verdes laderas y, en días despejados, incluso los rascacielos de Osaka. La 3ª planta alberga el Centro de Información Turística de Kansai y en el sótano hay una zona de *street food*.

Descubrir los secretos de la estación de Kioto
ARQUITECTURA

Esta **estación** con aires de puerto espacial, obra del arquitecto Hiroshi Hara, que también proyectó el Umeda Sky Building de Osaka (p. 144), es una construcción futurista de acero y cristal. Se puede subir por las escaleras mecánicas del vestíbulo central y disfrutar de vistas vertiginosas; curiosear en los grandes almacenes Isetan (p. 47), detenerse en Kyoto Ramen Koji (p. 45) y recorrer el **Skyway:** un túnel panorámico suspendido a 45 m del suelo. La estación se construyó en la década de 1990 para conmemorar los 1200 años de la fundación de Kioto.

Admirar el monumental Higashi Hongan-ji
TEMPLO BUDISTA

PLANO: 3 P. 40 E2

A diferencia de otras escuelas budistas que exigían una vida de estudio y meditación, el budismo Jōdo Shin-shū (Tierra Pura), que se practica en el **Higashi Hongan-ji** (東本願寺), al norte de la estación de Kioto, abría sus puertas a quien pudiera recitar un sencillo mantra: *namu amida butsu,* una plegaria al Buda Amida. Lógicamente,

CONFLICTOS ENTRE TEMPLOS

¿Por qué hay unos templos gemelos? El **Higashi Hongan-ji** y el **Nishi Hongan-ji** (PLANO: 4 P. 40 **C2**) pertenecen a la escuela Jōdo Shin-shū, fundada en el s. XIII y la rama del budismo actualmente más practicada en Japón. En 1591, el señor de la guerra Toyotomi Hideyoshi cedió unos terrenos para la construcción del Hongan-ji como sede principal de la escuela Jōdo Shin-shū, pero 11 años después surgió una facción disidente que fundó el Higashi Hongan-ji a pocas manzanas de distancia; *higashi* significa "este" y *nishi*, "oeste". El cisma interno, en parte doctrinal, fue alentado por el nuevo sogún Tokugawa Ieyasu para dividir y debilitar el creciente poder e influencia de la escuela Jōdo Shin-shū.

consiguió muchos adeptos. Al entrar en el inmenso **Amida-dō,** con su mar de tatamis y reluciente altar dorado, salta a la vista que fue construido para acoger multitudes. Aún más sobrecogedor es el **Goei-dō,** uno de los mayores edificios de madera de Japón. Estas imponentes estructuras parecen obra divina, pero un detalle entre los pabellones deja entrever el esfuerzo humano que hay detrás: una gruesa cuerda en espiral hecha con cabello donado por los fieles. Las cuerdas de cáñamo no eran lo bastante resistentes para izar los 90 enormes pilares de madera que sostienen el tejado del Goei-dō.

Pasear por el jardín amurallado Shōsei-en JARDÍN

PLANO: 5 P. 40 **F2**

El **Shōsei-en** (渉成園), una joya poco visitada, se creó en el s. XVII como villa de retiro para el 13º abad del Higashi Hongan-ji. Este jardín tradicional, que serpentea entre salones de recepción, casas de té y un estanque, cobra vida con la ayuda de un excelente folleto gratuito. Las vistas, que antaño integraban las colinas de Higashiyama como *shakkei* (paisaje prestado), hace tiempo que se han visto empañadas por edificios y cables eléctricos. Hoy, es la Torre de Kioto la que embellece las fotos del jardín.

Divertirse en el Museo del Ferrocarril de Kioto MUSEO

PLANO: 6 P. 40 **A3**

El **Museo del Ferrocarril de Kioto** (mi cerrado) rinde homenaje a la histórica pasión de Japón por los viajes en tren. Exhibe más de 50 locomotoras, desde humeantes reliquias de vapor hasta el primer modelo del *shinkansen* (1964). Los niños disfrutarán con las maquetas, los simuladores de conducción de trenes y los paseos de 10 min en un tren de vapor. Los más entusiastas podrán sumergirse en la historia del ferrocarril y descubrir que, antaño, los pasajeros japoneses se descalzaban antes de subir al tren.

Curiosear en el mercadillo del Tō-ji

MERCADILLO Y TEMPLO

PLANO: 7 P. 40 **B4**

El **Tō-ji** (東寺), que alberga la pagoda más alta de Japón y un *kō-dō* (salón de conferencias) repleto de musculosas estatuas Niō y Budas iluminados, es el principal motivo para explorar las calles al sur de la estación de Kioto. El 21 de cada mes acoge el **Kōbō-san,** un festivo mercadillo en honor a Kobo Daishi, fundador del budismo Shingon, al que pertenece el Tō-ji. Vale la pena visitarlo y regatear amablemente artesanía japonesa, curiosidades y kimonos de segunda mano, o probar las delicias de los puestos de comida.

Brindar en Fushimi, tierra del sake

CULTURA DEL SAKE

PLANO: 8 P. 40 **F6**

A 10 min en tren desde Kioto, el **barrio de Fushimi,** al norte de la estación Chushojima, parece anclado en el tiempo, con canales bordeados de árboles, almacenes tradicionales de madera y múltiples invitaciones a degustar la célebre bebida de arroz fermentado de Japón. Gracias a su ubicación como puerto fluvial y al manantial con agua de dulce sabor, Fushimi fue uno de los principales productores de sake y aún alberga unas 20 destilerías, incluida la emblemática Gekkeikan, que data de 1637.

El **Museo del Sake Gekkeikan Okura** presenta la historia de este arte y ofrece catas. Por los canales al sur del museo –preciosos en primavera, con los cerezos en flor– navegan embarcaciones; cerca se encuentra el Kizakura Kappa Country: una fábrica de sake y cerveza con un bar-restaurante y tienda.

Vale la pena buscar el **Fushimi Sake Village** (PLANO: 9 P. 40 **E6**), un conjunto de *izakayas* (tabernas japonesas) que ofrecen 18 tipos de sake en una sola cata (con explicaciones en inglés) y *ramen* infusionado con esta bebida.

Dar con el 'matcha' ideal en Uji

TÉ JAPONÉS

PLANO: 10 P. 40 **H6**

La pequeña ciudad de **Uji,** 20 min al sur de Kioto en los trenes con destino a Nara, es ideal para escapar del gentío, degustar el célebre *matcha* local (té verde en polvo) y visitar un templo excepcional, el **Byōdō-in** (平等院), cuyo elegante Hōō-dō (salón del Fénix) figura en la moneda de 10 ¥.

La **Omotesandō** (calle de acceso) al templo está repleta de tiendas especializadas en *matcha;* venden tés de alta calidad, batidores de bambú y cuencos, además de helados, *mochis* y donuts de té verde.

Lo mejor para...

¥ Económico ¥¥ Medio ¥¥¥ Alto

Localizaciones en el plano de la **p. 40**

Comer

'Ramen' y 'soba'

Kobushi Ramen ¥

11 A2

Junto al Museo del Ferrocarril. *Ramen* soberbio elaborado con caldo a base de pato y dorada. Con un chorrito de vinagre de *yuzu* aún es más rico. *11.30-14.30 y 18.00-22.00*

Kyoto Ramen Koji ¥

12 D3

"Calle" temática de *ramen*, en la 10ª planta de la estación de Kioto; permite realizar un viaje culinario por Japón. Funciona con máquinas expendedoras. *11.00-22.00*

Sonoba ¥¥

13 F1

Soba caseros en un espacio minimalista y tranquilo, en una calle lateral. La hermosa vajilla procede del estudio de cerámica adjunto. *11.30-15.00 vi-ma*

Kyoto Takabashi Honke Daiichi Asahi ¥

14 F3

Un clásico de Kioto desde 1947, este sencillo local de *ramen* al este de la estación es famoso por su caldo claro y rico en *umami*. Siempre hay cola. *6.00-1.00 vi-mi*

De ambiente local y animado

Tachinomi Inaseya ¥

15 E2

Sabrosos bocados, bebidas a buen precio y carta en inglés en un local con barra y sin asientos. Se permite fumar. *11.30-23.00*

Arata Okonomiyaki ¥

16 D4

Entre la estación de Kioto y el To-ji, este local de *okonomiyaki* (tortitas japonesas) siempre está lleno de lugareños. Se debe reservar por teléfono. *17.00-23.00*

Torisei ¥

17 F6

Restaurante tradicional del barrio de sake de Fushimi; permite darse un festín a base de brochetas de pollo y otras delicias a la parrilla *(yakitori)* regadas con sake de la casa. *11.00-22.00*

Cocina creativa y contemporánea

Tsuke-yasai Isoism ¥¥

18 E2

Cocina de *izakaya* creativa, con verduras cultivadas por el propio restaurante. Se debe reservar por teléfono. *11.30-15.00 y 17.00-23.00*

Lorimer Kyoto ¥¥

19 E1

Excelente menú fijo japonés (desayuno o *brunch*): pescado a la parrilla, sopa de *miso* y verduras frescas. *8.00-15.00 lu-vi, 7.30-15.00 sa y do*

Cuenco de 'ramen'.
HOLGS/GETTY IMAGES ©

Kyoto Tower Sando ¥¥

véase 2 P. 40 E3
Zona de restauración en el sótano de la Torre de Kioto, con hormigón visto y brillantes neones; combina una barra japonesa con hamburguesas, *bánh mì* vietnamitas y cócteles. *10.00-23.00*

Alta cocina

Kyoto Wakuden ¥¥¥

20 D3
En la 11ª planta de la estación de Kioto, pertenece a una popular cadena de restaurantes de *kaiseki* (alta cocina japonesa) de Kioto. Menús fijos de temporada y buenas vistas. *11.00-15.30 y 17.00-22.00*

Cuisine Iharada ¥¥¥

21 A2
Menú de *kaiseki* de 10 platos, con ingredientes *gourmet*, como ternera Tajima y setas matsutake. Reservas en línea *(iharada.jp/en). 17.00-23.00 lu-sa*

Beber

Para tomar una cerveza

Kyoto Beer Lab

22 F2
Brewpub australiano-japonés frente a un canal arbolado, que elabora todas sus cervezas *in situ*, normalmente de sabores intensos, como dobles IPA. *15.00-23.00 lu-vi, 13.00-23.00 sa y do*

Ebisu Bar

23 E3
Discreto local detrás de la Torre de Kioto, ideal para tomar una Ebisu bien fría o un cóctel de cerveza con *matcha*. *11.00-22.00*

Kyoto Brewing Co.

24 A6
Cervecera en el sur de la ciudad, que elabora algunas de las mejores cervezas de Kioto. El *brewpub* solo abre los fines de semana. *17.00-*

21.00 vi, 12.00-18.00 sa y do

Para algo más fuerte

Roots of all Evil

25 E3

Animada barra en el sótano de la Kyoto Tower Sando. Cócteles creativos e infusiones de ginebra inusuales. *11.00-23.00*

High Central

26 E2

Elegantes camareros sirven cócteles de autor y personalizados en este pequeño bar de ambiente tranquilo y refinado. Hablan inglés. *19.30-2.00 ma-do*

Para amantes del café

Kurasu Kyoto Stand

27 D3

A años luz de las cadenas de cafés junto a la estación de Kioto, deleita con un *espresso* perfecto o un café filtrado artesanal. También vende accesorios para la elaboración de café. *8.00-18.00*

Davada Coffee & Records

28 F2

Se puede rebuscar entre vinilos mientras se espera un *latte* elaborado con mimo en este pequeño local de estilo *vintage*. *11.00-19.00*

Vermillion Coffee Bar

29 H6

Ideal para antes de enfrentarse al gentío en el Fushimi Inari-Taisha. El nombre alude al color de las *torii*. *7.30-14.30*

Walden Woods

30 F1

Local oculto en una callejuela, totalmente blanco y con un café digno de Instagram. *9.00-18.00*

Comprar

Artesanía tradicional de Kioto

Kungyokudo

31 C2

La tienda de incienso más antigua de Japón ofrece una experiencia olfativa única. Vende incienso, crema de manos y velas con aromas inspirados en Kioto, como flor de cerezo y *yuzu*. *9.00-17.30*

Kyosen-dō

32 E2

Abanicos de papel o seda al estilo de Kioto: delicados, elegantes y fabricados a mano *in situ*. Ideales como regalo. *9.00-17.00 lu-sa, 10.00-18.00 do*

Kaikadō

33 F1

Se especializa en *chazutsu* (cajas para té) de estaño, cobre o latón, elaboradas artesanalmente desde hace más de 130 años. *9.00-18.00 ma-sa*

Grandes almacenes

Yodobashi

34 E3

Enorme centro comercial que, además de vender cámaras, alberga una pista para bicicletas, una zona de prueba de palos de golf, tiendas de *gadgets*, moda en la 5ª planta y restaurantes. *9.30-22.00*

JR Kyoto Isetan

35 E3

Junto a la estación de Kioto: 11 plantas de tiendas y restaurantes y un supermercado en el sótano con tentadoras *bento* (comida para llevar), ideales para tomar en el *shinkansen*. *10.00-20.00*

Sugerencias de lugares para comer, beber y comprar en **p. 62**

Explora
Centro de Kioto

El centro de Kioto ofrece múltiples propuestas en una zona relativamente compacta. Ideal para los amantes de las compras, reúne marcas contemporáneas, *boutiques* y grandes almacenes de lujo comparables a los de Tokio y Osaka. En el extremo opuesto, el mercado de Nishiki lleva generaciones vendiendo productos tradicionales y tentempiés bajo el mismo techo. El centro de la ciudad alberga, además, una amplia oferta gastronómica: desde restaurantes japoneses y sabores internacionales hasta diversos cafés, bares y locales nocturnos para todos los gustos. También destaca por sus variadas opciones de alojamiento y reclamos culturales, como el imponente castillo Nijō-jō y excelentes museos y galerías de arte.

Cómo desplazarse

Metro
La línea Karasuma conecta el centro con la estación de Kioto; la línea Tōzai atraviesa el barrio de este a oeste, y hay una parada junto al Nijō-jō.

Tren
La línea Hankyū para en las estaciones Karasuma y Kawaramachi, con trenes directos a Osaka Umeda. Para ir al oeste del centro, la estación JR de Nijō está a dos paradas de la de Kioto.

Autobús
Muchos autobuses urbanos paran en el centro, pero, si se lleva equipaje pesado o voluminoso, conviene tomar un taxi.

Ponto-chō (p. 58).
JON HICKS/GETTY IMAGES ©

LO MEJOR

Explorar los rincones ocultos del **NIJŌ-JŌ** (p. 52) y recorrer sus suelos “ruiseñor”, que avisan de intrusos en el castillo.

Pasear y asombrarse con la amplia oferta del **MERCADO DE NISHIKI** (p. 54).

Disfrutar de un paseo nocturno por **PONTO-CHŌ** (p. 58); iluminada con farolillos, tiene mucho encanto para tomar una copa.

Perderse entre las tiendas y productos *gourmet* de **TAKASHIMAYA** (p. 58), los grandes almacenes más lujosos de Kioto.

CIRCUITO A PIE

Paseo por el centro de Kioto

Esta ruta incluye lo mejor de la animada escena comercial del centro de Kioto, con abundantes oportunidades para hacer pausas gastronómicas. Tras descubrir las sorpresas sensoriales del mercado de Nishiki y visitar unos grandes almacenes de lujo, se deja el gentío atrás para disfrutar de un almuerzo relajado y de algún que otro café.

INICIO	FINAL	DURACIÓN
Mercado de Nishiki	Ippōdō Tea	2,5 km; 2-3 h

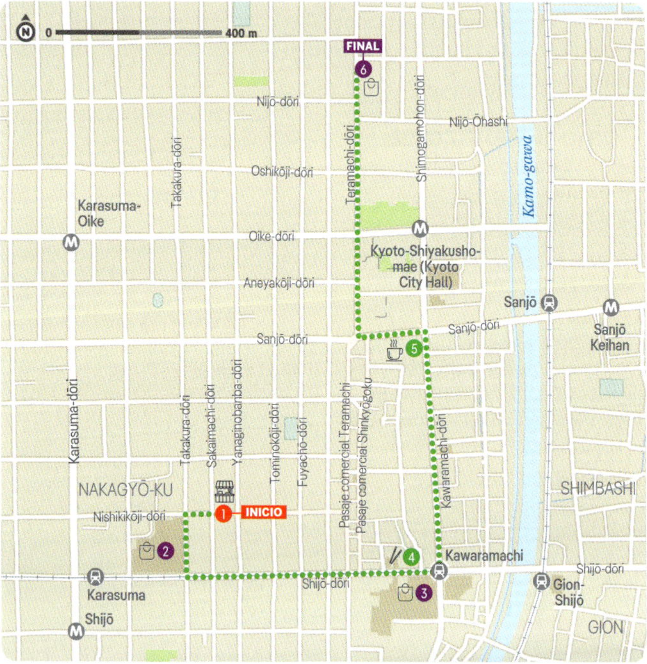

1 Productos tradicionales

Se empieza el día temprano para evitar el gentío en el **mercado de Nishiki** (p. 54), el mayor y más famoso mercado de alimentos de Kioto: desde productos *gourmet* hasta especialidades locales y productos frescos de gran calidad. Se recomienda probar *tako-tamago,* una popular delicia callejera consistente en un pequeño pulpo glaseado, relleno con un huevo de codorniz.

2 Delicias 'gourmet'

Tras explorar el mercado, bastan unos pasos para llegar a **Daimaru** (p. 65), los grandes almacenes más populares de Japón. La oferta es inmensa, pero muchos destacan la sección de alimentación del sótano, con pasteles, panes, fruta y excelentes cajas *bento* (comida para llevar).

3 Paradigma del lujo

La sección de la ruta dedicada a las compras continúa con un paseo de 10 min por Shijō-dōri hasta llegar a **Takashimaya** (p. 58), los grandes almacenes más exclusivos de Kioto. Tras echar un vistazo a numerosas marcas de alta gama, se puede ir a la zona de restauración del sótano para tomar deliciosos tentempiés dulces y salados, o para abrir el apetito antes del almuerzo.

4 Hora del almuerzo

A estas alturas, seguramente ya se tendrá hambre. Al otro lado de la calle se encuentra **Tagoto Honten,** un restaurante encantador que ofrece menús de *kaiseki* (alta cocina japonesa) excepcionales –y asequibles– en un entorno tranquilo. Los ingredientes de temporada y la creatividad del chef harán que la experiencia sea inolvidable.

5 Dulces caprichos

Después del almuerzo, un agradable paseo hacia el norte lleva hasta **Karafuneya** (p. 62), toda una institución entre los vecinos. Aunque también sirve almuerzos y cafés, su principal atractivo son los *sundae* (copas de helado), algunos de ellos con un toque japonés, como el de *matcha* (té verde) y el de *azuki* (judía roja) y sésamo negro.

6 Hora del té

El paseo termina en el **Kaboku Tearoom,** perfecto para disfrutar de un *matcha* recién preparado. Justo al lado, **Ippōdō Tea** (p. 65), con una extensa selección de tés y productos afines, es excelente para comprar recuerdos.

★ IMPRESCINDIBLE

Nijō-jō

Hacia el noroeste, a poca distancia de las tiendas y el bullicio del centro, se alza un imponente castillo que durante siglos ha simbolizado el poder de los sogunes. El Nijō-jō (二条城), con su sublime arquitectura palaciega de la época feudal y sus extensos jardines y terrenos, constituye una visita fascinante.

PLANO: P. 56 **A1**

CONSEJO
El horario es de 8.45 a 17.00 (última entrada a las 16.00). Conviene llegar temprano o al final del día para evitar el gentío, así como alquilar una audioguía (en inglés, 500 ¥) para disfrutar aún más de la visita.

Historia

El castillo se construyó en 1603 como residencia en Kioto del primer sogún del período Edo, Tokugawa Ieyasu. Con el tiempo, se amplió con nuevos edificios palaciegos y un torreón de cinco plantas. Al final del período Edo, con la caída del sogunato Tokugawa en 1867, se utilizó brevemente como palacio imperial antes de abrirse al público como uno de los principales enclaves históricos de Kioto.

Defensa exterior

La entrada principal, donde alquilan audioguías, se encuentra en el este. Un poco más allá se alza la **puerta Kara-mon,** con exquisitos motivos tallados en madera y metal. Luego se accede al Ninomaru, la estructura defensiva exterior del castillo. Allí se encuentra el principal reclamo del complejo: el **palacio Ninomaru,** residencia y oficina del sogún durante sus visitas. Sus múltiples edificios conectados presentan elementos muy curiosos, como suelos "ruiseñor" (crujen al pisarlos para alertar de intrusos), techos profusamente decorados y puertas correderas pintadas *(fusuma)*. Antaño, solo las personas de alto rango podían acceder a las estancias interiores del palacio, pero hoy basta con pagar un suplemento para visitarlo.

Puerta Kara-mon.
GIANCARLO LIGUORI/SHUTTERSTOCK ©

El Honmaru y los jardines

El Honmaru era el núcleo defensivo principal. Albergaba un segundo complejo palaciego y el torreón del castillo, pero ambos se incendiaron en el s. XVIII y nunca fueron reconstruidos. El **palacio Honmaru,** aún en pie, se utilizó como residencia imperial tras la caída del sogunato, pero rara vez se abre al público. No obstante, es posible pasear por sus jardines y disfrutar de las vistas desde lo alto de los antiguos cimientos del torreón.

Los terrenos del Nijō-jō forman un extenso oasis verde en el corazón de la ciudad. Gracias a la amplia variedad de cerezos, la temporada de *hanami* (observación de cerezos en flor) va desde finales de marzo hasta mediados de abril. El **jardín Ninomaru** es uno de los más hermosos de Kioto y debería visitarse sí o sí.

Escanea este código QR para ampliar la información.

★ IMPRESCINDIBLE

Mercado de Nishiki

El mercado de Nishiki (錦市場) sin duda hará las delicias de los *foodies*. Conocido como "la cocina de Kioto", se trata de una calle peatonal, estrecha y siempre animada, que reúne más de 100 tiendas, puestos y restaurantes. Es ideal para descubrir y probar muchos ingredientes únicos de la cocina local.

PLANO: P. 56 **E4**

CONSEJO
El mercado es estrecho y puede estar abarrotado: conviene visitarlo a primera o última hora del día. Es importante pedir permiso antes de hacer fotos a los puestos.

Escanea este código QR para información sobre los puestos del mercado.

Mercado histórico

Situado en pleno centro de la ciudad, el mercado se extiende a lo largo de cinco manzanas: desde la *shōtengai* (galería comercial cubierta) Teramachi, una calle al norte de Shijō-dōri, por el este, hasta Takakura-dōri por el oeste, muy cerca de los grandes almacenes Daimaru. Se cree que los lugareños ya vendían aquí sus mercancías en el s. XIV, y hay constancia de que a principios del período Edo funcionaba como una lonja de pescado autorizada por el sogunato. Hoy, combina tiendas tradicionales -muchas regentadas por las mismas familias desde hace varias generaciones- con vendedores más modernos, siendo esta mezcla ecléctica de establecimientos y productos su principal atractivo.

Productos y delicias locales

Es el lugar por excelencia donde encontrar productos tradicionales y especialidades locales, como *tsukemono* (encurtidos japoneses), tofu fresco elaborado siguiendo técnicas ancestrales, *wagashi* (dulces japoneses tradicionales), *Kyo-yasai* (verduras de Kioto), té, pescado y marisco frescos, y un sinfín de delicias más. Constituye una auténtica experiencia para los sentidos y una aventura culinaria. Hay puestos que disponen de espacio para comer lo que se ha comprado, y también hay varios

Barriles de 'tsukemono'.
PICTURE PARTNERS/SHUTTERSTOCK ©

restaurantes. Algunos vendedores ofrecen productos para llevar, como *yakitori* (brochetas de pollo); no obstante, vale la pena recordar que en Japón está mal visto andar y comer a la vez. Con los años, el mercado también ha incorporado tiendas de utensilios de cocina, artesanía e incluso recuerdos, que comparten espacio con escaparates centenarios y más rústicos.

Una visita ineludible

Un lugar de cita obligada es **Aritsugu,** una legendaria cuchillería muy frecuentada por los mejores chefs de la ciudad. Tras elegir el cuchillo deseado, se puede observar cómo el artesano graba el nombre del viajero en él y lo afila con una enorme piedra circular.

UNA PAUSA
La oferta para tomar algo en el propio mercado es impresionante, pero **Ippūdo** (p. 62), a la vuelta de la esquina, sirve el mejor *ramen* de la ciudad.

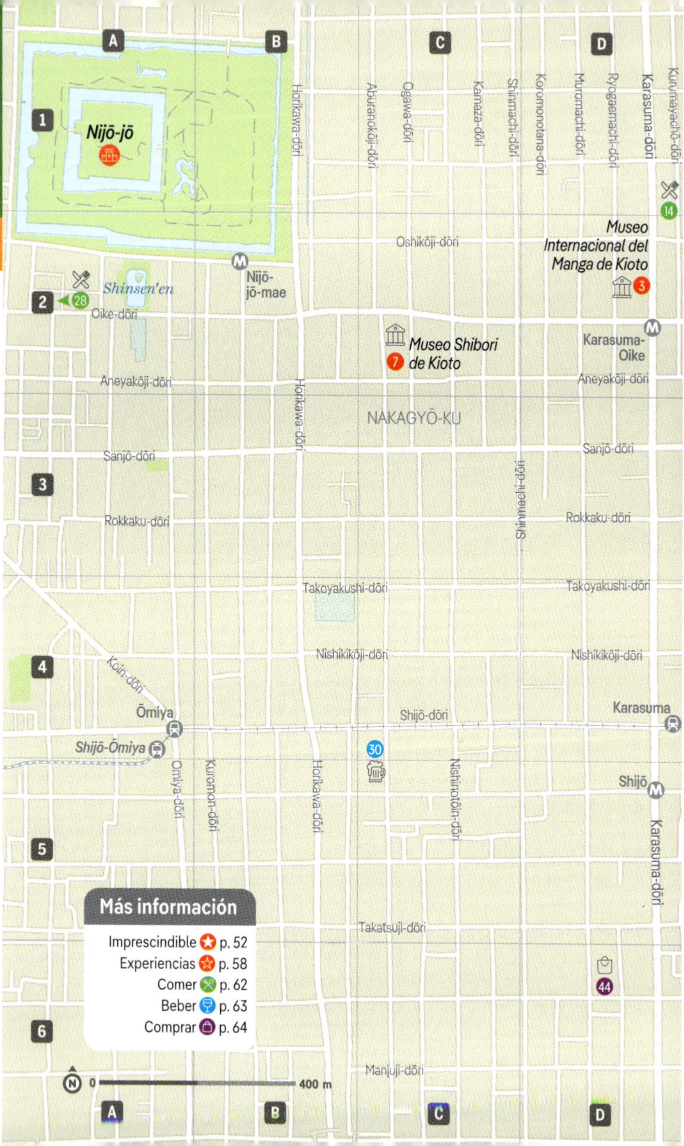
A
B
C
D
1
2
3
4
5
6
Nijō-jō
Shinsen'en
28
Oike-dōri
Nijō-jō-mae
Horikawa-dōri
Aburanokōji-dōri
Ogawa-dōri
Kamaza-dōri
Shinmachi-dōri
Koromonotana-dōri
Muromachi-dōri
Ryogaemachi-dōri
Karasuma-dōri
Kurumayachō-dōri
14
Museo Internacional del Manga de Kioto
3
Oshikōji-dōri
Museo Shibori de Kioto
7
Karasuma-Oike
Aneyakōji-dōri
NAKAGYŌ-KU
Sanjō-dōri
Rokkaku-dōri
Takoyakushi-dōri
Nishikikōji-dōri
Koin-dōri
Ōmiya
Shijō-Ōmiya
Shijō-dōri
Karasuma
30
Ōmiya-dōri
Kuromon-dōri
Nishinotōin-dōri
Shijō
Más información
Imprescindible p. 52
Experiencias p. 58
Comer p. 62
Beber p. 63
Comprar p. 64
Takatsuji-dōri
44
Manjuji-dōri
0
400 m
N

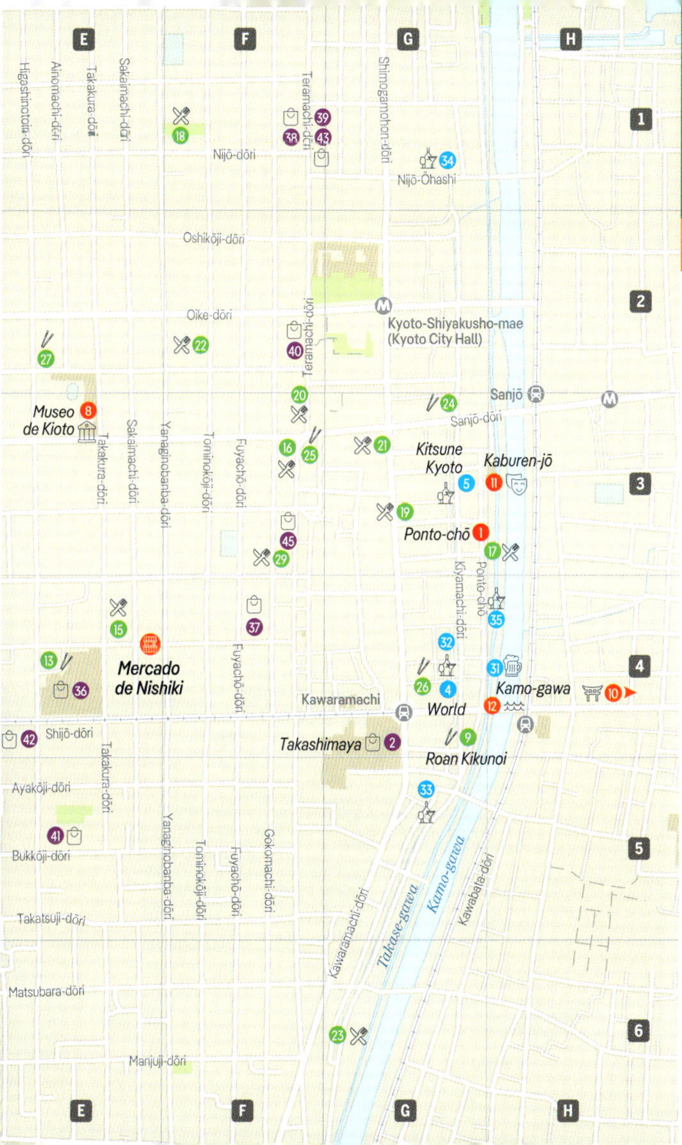
E
F
G
H
1
2
3
4
5
6
Higashinotoin-dōri
Ainomachi-dōri
Takakura-dōri
Sakaimachi-dōri
Teramachi-dōri
Shimogamohon-dōri
Nijō-dōri
Nijō-Ōhashi
Oshikōji-dōri
Oike-dōri
Kyoto-Shiyakusho-mae
(Kyoto City Hall)
Sanjō
Sanjō-dōri
Museo
de Kioto
Kitsune
Kyoto
Kaburen-jō
Ponto-chō
Yanaginobanba-dōri
Tominokōji-dōri
Fuyachō-dōri
Kiyamachi-dōri
Mercado
de Nishiki
Kawaramachi
World
Kamo-gawa
Shijō-dōri
Takashimaya
Roan Kikunoi
Ayakōji-dōri
Bukkōji-dōri
Gokomachi-dōri
Kawaramachi-dōri
Takase-gawa
Kawabata-dōri
Takatsuji-dōri
Matsubara-dōri
Manjuji-dōri

EXPERIENCIAS

Sumergirse en el ambiente nocturno de Ponto-chō

LUGAR PINTORESCO

PLANO: 1 P. 56 **G3**

Posiblemente el lugar con más encanto de todo Kioto, **Ponto-chō** (先斗町) es una estrecha y larga calle peatonal, flanqueada por edificios de madera tradicionales. Alberga elegantes y exclusivos bares y restaurantes, pero también locales mucho más asequibles, como el Beer Bar Miyama 162, especializado en cerveza artesana. De día, la calle resulta bastante tranquila y discreta, pero de noche cobra vida con tenues farolillos, que crean un ambiente mágico, muy similar al Kioto de ensueño que muchos imaginan.

Dejarse tentar en los grandes almacenes Takashimaya

ALMACENES DE LUJO

PLANO: 2 P. 56 **G4**

Fundados en 1831, los grandes almacenes **Takashimaya** (高島屋) se cuentan entre los más lujosos y famosos de Japón. Los de Kioto son, probablemente, los más elegantes de la ciudad. Situados en Shijō-dōri, ofrecen artículos de alta gama: ropa, electrónica, kimonos, joyas, artículos para el hogar, etc. Es fácil pasar todo un día en ellos. La nueva tienda de Nintendo, en la 7ª planta, tiene mucho éxito, pero lo mejor de todo es la inmensa zona de restauración y de productos *gourmet* del sótano, donde pueden comprarse dulces, pasteles,

Exposición de 'yukatas' (kimonos ligeros de algodón), grandes almacenes Takashimaya.

ROBERTO FUMAGALLI/ALAMY STOCK PHOTO ©

cajas *bento,* fruta y prácticamente cualquier capricho. En la 7ª planta también hay buenos restaurantes que ofrecen una experiencia más relajada.

Leer cómics en el Museo Internacional del Manga de Kioto

MUSEO

PLANO: 3 P. 56 **D2**

Situado en el edificio de una antigua escuela de primaria, el **Museo Internacional del Manga de Kioto** (京都国際マンガミュージアム) alberga una extensa colección de cómics de todas las épocas y géneros, con una pequeña pero creciente selección de títulos en lenguas extranjeras. Es una extensa biblioteca de manga, pero también ofrece exposiciones que recorren la evolución histórica de esta popular forma de narrativa y, los fines de semana y festivos, retratos a cargo de artistas de manga. Los más entusiastas pueden dedicar un día entero a hojear cómics, pero, en general, bastará con 1 h para verlo todo.

Admirar artesanía tradicional en el Museo Shibori de Kioto

MUSEO

PLANO: 7 P. 56 **C2**

A pocos pasos del Nijō-jō se encuentra el **Museo Shibori de Kioto** (京都絞り工芸館), que pone en valor el arte del *shibori,* una técnica japonesa del teñido por nudos subestimada. Es el único museo del país especializado en esta artesanía. Los guías hablan inglés y estarán encantados de explicar todos los secretos del proceso. Se exponen numerosos tejidos con bellos estampados, como kimonos y otras prendas; algunas piezas incluyen tantos detalles que parecen auténticos cuadros. Por un suplemento, se puede participar en un taller de teñido: una divertida experiencia que permite conocer el *shibori* y llevarse a casa una obra de arte personalizada.

NOCHES DE FIESTA

Kioto no tiene una vida nocturna tan vibrante como la de Tokio u Osaka, pero en el centro hay algunos locales y salas de baile por si apetece salir de fiesta. **World Kyoto** (PLANO: 4 P. 56 **G4**) es una agradable discoteca de varias plantas, frecuentada por kiotenses y extranjeros, que a veces acoge DJ de renombre. **Kitsune Kyoto** (PLANO: 5 P. 56 **G3**) es un animado local de tres plantas, con un buen sistema de sonido y excelente música.

Profundizar en la historia cultural en el Museo de Kioto

MUSEO

PLANO: 8 P. 56 **E3**

El **Museo de Kioto** (京都文化博物館)–en realidad, el Museo Cultural de Kioto– es una buena opción para los días de lluvia. Las exposiciones se reparten en varias plantas y dos edificios, incluido el original, que es de ladrillo rojo. Data de la era Meiji y merece una visita por su arquitectura. Las plantas superiores acogen exposiciones temporales de temas muy diversos, como obras de Studio Ghibli y muestras sobre surrealismo. Las exposiciones itinerantes requieren el pago de una entrada adicional. La información en inglés es bastante limitada, pero el personal voluntario es muy atento e intenta suplir esta carencia.

Disfrutar de una cena 'gourmet' en el Roan Kikunoi RESTAURANTE

PLANO: 9 P. 56 **G4**

La refinada experiencia de un menú *kaiseki,* compuesto por múltiples y refinados platos, va mucho más allá de una cena lujosa (y cara): representa una vivencia sensorial completa que, si el presupuesto lo permite, se debería probar al menos una vez durante la estancia en Kioto, ciudad donde esta forma de arte culinario roza la perfección.

El restaurante **Roan Kikunoi** (菊乃井 露庵), cerca del río Kamo, es uno de los mejores lugares del centro de Kioto para degustar una auténtica *kaiseki*. Se trata de un establecimiento íntimo y acogedor, donde el chef utiliza técnicas tradicionales de forma creativa para elaborar delicadas obras maestras con los mejores ingredientes de temporada. Todos los platos son un regalo para la vista y el paladar, y el personal se esfuerza por explicar cada detalle en inglés. Hay que reservar con antelación. La experiencia completa dura 3 h.

Ver el espectáculo Kamo-gawa Odori en el teatro DANZA

PLANO: 11 P. 56 **H3**

Si se visita Kioto en primavera, vale la pena ir al **Kaburen-jō** para ver el Kamo-gawa Odori, uno de los célebres espectáculos primaverales de *geishas* de Kioto. Situado en Ponto-chō, se trata de

FESTIVAL DE VERANO

El **Gion Matsuri** es el festival de verano más famoso de Japón. Se remonta al año 869 y se celebra durante todo el mes de julio. Incluye numerosos eventos, como la espectacular procesión de carrozas del 17 de julio, llamada Yamaboko Junko. Aunque el festival se originó en el **Yasaka-jinja** (p. 92; PLANO: 10 P. 56 **H4**), en el barrio de Gion (de ahí su nombre), los actos principales se celebran sobre todo en el centro de Kioto. Durante algunas noches, las calles se cierran al tráfico y se exhiben las carrozas antes del gran desfile, que recorre un tramo de 3 km por el centro urbano. ¡No hay que perdérselo!

Paseo junto al Kamo-gawa.
TOTORORO/GETTY IMAGES ©

un teatro de ambiente íntimo que durante gran parte de mayo acoge esta elegante representación, cuyos orígenes se remontan a 1872. Las funciones tienen lugar tres veces al día y duran poco más de 1 h. Las entradas pueden reservarse en línea.

Relajarse a orillas del Kamo-gawa

PASEO JUNTO AL RÍO

PLANO: 12 P. 56 H4

El **Kamo-gawa** (鴨川), el río más emblemático de Kioto, desciende de las montañas atravesando el extremo oriental de la ciudad y separa el centro del barrio de Gion. Si el gentío y el bullicio empiezan a agobiar, nada mejor que hacer una pausa junto al río. Hay senderos para caminar en ambas orillas, pero la ribera occidental posee más zonas para sentarse.

Es un lugar muy frecuentado por parejas, corredores y vecinos, y también es ideal para ver a la gente pasar. En verano, los niños chapotean en las aguas poco profundas y es fácil avistar garzas que se sumergen en busca de peces. En las noches cálidas, es perfecto para disfrutar de una cena *bento* junto al río o de una cerveza comprada en una tienda 24 h.

SUGERENCIAS

Lo mejor para...

Localizaciones en el plano de la **p. 56**

¥ Económico ¥¥ Medio ¥¥¥ Alto

Comer

Fideos

Ippūdo ¥
13 E4
Popular local de *ramen* (suele haber cola), sirve los fideos en un rico caldo a base de cerdo; el menú de *gyozas* está bien de precio y es delicioso. *11.00-21.30*

Honke Owariya ¥¥
14 D1
Local de fideos *soba* en un edificio histórico, se especializa en *hourai soba:* platillos de *soba* apilados. Suele haber cola. *11.00-15.00 mi-lu*

Bocados rápidos y económicos

Nishiki Warai ¥
15 E4
Local Informal de *okonomiyaki* (tortitas japonesas saladas) cerca del mercado de Nishiki, con placas eléctricas en las mesas, económico y alegre. Se permite fumar. *11.30-15.00 y 17.00-22.00 lu-vi, 11.30-22.00 sa y do*

Independants ¥
16 F3
Café/restaurante de ambiente internacional en el sótano de un edificio *art déco;* sirve generosas ensaladas, curris, pasta, paella y otros platos no japoneses. *12.00-23.00*

Yasubee ¥
17 H3
Este restaurante de *okonomiyaki* (tortitas japonesas saladas) es uno de los más asequibles de Ponto-chō. Presenta un ambiente cálido y acogedor y la comida, sin pretensiones, está muy bien. *16.00-22.00 mi-lu*

Cafés

Cafe Bibliotic Hello! ¥
18 F1
Moderno café en una *machiya* (casa tradicional) reconvertida, con estanterías repletas de libros que cubren las paredes. Buen café y sabrosos tentempiés dulces y salados. *11.30-23.00*

Tribute Coffee ¥
19 G3
Tranquilo y relajado, sirve café de filtro preparado con esmero, ideal para tomar con galletas o dulces japoneses. *12.00-19.00 ma-do*

Smart Coffee ¥
20 F3
Café con las paredes revestidas de madera, en el barrio comercial de Teramachi; es ideal para un *brunch.* Sabrosas tortitas y tostadas francesas. El café también es delicioso. *8.00-19.00*

Karafuneya ¥
21 G3
Prepara un buen café, pero el verdadero reclamo son sus ricos *sundaes* (copas de helado), algunos con un toque japonés, como judía roja y sésamo negro. *9.00-22.00 do-vi, 9.00-23.00 sa*

Alta cocina

Yoshikawa ¥¥¥
22 F2
Este íntimo restaurante, que forma parte del *ryokan* Yoshikawa, sirve las mejores tempuras de Kioto. Desde la barra se puede observar al chef mientras cocina. Se recomienda el menú fijo del mediodía. *11.30-13.30 y 17.30-20.00*

Gama media

Giro Giro Hitoshina ¥¥
23 G6
Deliciosa cocina *kaiseki,* pero sin formalidades, ideal para una experiencia mucho más relajada (y asequible). Se puede charlar con los simpáticos chefs mientras preparan los platos. *17.30-23.00*

Menami ¥¥
24 G3
Acogedor establecimiento especializado en *obanzai-ryōri:* cocina casera con ingredientes locales y de temporada. Abundantes platillos de pescado, verduras y carne. *15.00-21.30 ju-ma*

Mishima-tei ¥¥
25 F3
En la intersección de dos galerías comerciales, data de 1873 y sirve *sukiyaki:* finas lonchas de ternera cocidas en un caldo dulce y luego sumergidas en huevo. *11.00-20.00*

'Sushi' y marisco

Tai Sushi ¥¥
26 G4
Acogedor restaurante tradicional de *sushi* -hay que descalzarse-; sirve raciones generosas y el pescado es fresquísimo. También prepara pescado a la parrilla. Solo acepta efectivo. *17.00-22.00 vi-mi*

Isami Sushi ¥¥
27 E2
Pequeño local con una barra y un par de mesas, regentado por una familia, que sirve *sushi* y *sashimi* de altísima calidad a precios muy razonables. Hay que reservar. *11.30-14.00 y 17.00-20.30 vi-ma*

Vegetarianos y veganos

Cafe Phalam ¥
28 A2
Tranquilo y acogedor, ofrece un gran surtido de platos vegetarianos y veganos (también opciones sin gluten); excelente café de África y Sudamérica. *9.30-17.00*

Mumokuteki Cafe ¥
29 F3
Popular restaurante vegano, situado encima de una tienda, que prepara excelentes hamburguesas de tofu y generosos menús fijos. El sistema de colas puede ser confuso, pero el personal es muy atento. *11.30-16.30 ju-ma, 11.30-17.30 sa y do*

Beber

Cerveza artesana

Bungalow
30 C4
Excelente bar con una selección rotativa de 10 cervezas japonesas de barril y platos para picar. La carta, escrita en una pizarra en japonés, puede ser difícil de leer. *15.00-22.00 lu-vi, 12.00-22.00 sa y do*

Beer Bar Miyama 162
31 H4
Pequeño y bar en Pontochō, con una buena selección de cervezas artesanas japonesas; el ambiente es muy agradable. *17.00-1.00*

Bares y coctelerías

Bee's Knees
32 G4
Acogedora coctelería de estilo *speakeasy,* con un servicio excelente y cercano, elabora bebidas

muy creativas, como *matcha* con tiramisú. Conviene llegar temprano para evitar las colas. *18.00-1.00 lu-sa*

Nokishita 711

33 G5

Coctelería única y experimental, que exige reserva previa. Ofrece un curso sensorial de bebidas y tentempiés, con maridajes tan inusuales como sabrosos. *14.30, 17.00, 19.00 y 22.00*

Bar K6

34 G1

Moderno y elegante bar con vistas a Kiyamachi-dōri. Gran selección de *whiskies* y cócteles excelentes. *18.00-2.00 mi-lu*

Atlantis

35 H4

Elegante bar en Ponto-chō, con terraza y vistas al río Kamo, es ideal para tomar cócteles hasta tarde. *18.00-1.00*

Comprar

Lujo y productos 'gourmet'

Takashimaya

véase 2 G4

Son los grandes almacenes más lujosos de Kioto: siete plantas repletas de marcas de diseño y productos de alta gama. La sección gastronómica

Aritsugu.
MARTIN BERRY/ALAMY STOCK PHOTO ©

del sótano es inmensa y rivaliza en calidad con cualquier restaurante. *10.00-20.00*

Daimaru

36 E4

Conocidos en todo Japón, estos grandes almacenes de gama alta ofrecen una variedad de productos casi infinita. La zona de alimentación es ideal para comprar productos para el almuerzo o un pícnic. *10.00-20.00*

Artesanía y recuerdos

Aritsugu

37 F4

Cuchillería tradicional en el mercado de Nishiki, famosa por sus utensilios de cocina de altísima calidad y afilado impecable. El personal asesora en la compra y hay un servicio de grabado personalizado. *10.00-16.00 ju-ma*

Zōhiko

38 F1

Establecimiento especializado en laca -una de las artesanías más refinadas de Japón-, que ofrece elegantes artículos tradicionales, como tazas, cuencos, bandejas y cajas. *10.00-18.00 mi-lu*

Ippōdō Tea

39 F1

Tienda de té a la antigua usanza, que vende algunas de las mejores variedades de *matcha* y de otros tipos de té de Kioto, además de accesorios para su preparación. También cuenta con un encantador salón de té en el edificio contiguo. *10.00-17.00*

Kyūkyo-dō

40 F2

Establecimiento centenario en la galería comercial Teramachi, que ofrece una excelente selección de artículos japoneses tradicionales, como papel *washi* y preciosos abanicos. *10.00-18.00*

Papel 'washi' y productos tradicionales

Wagami no Mise

41 E5

También conocida como Morita Washi, ofrece una excelente selección de papel *washi* japonés tradicional y productos de papelería. *10.00-18.00 lu-vi*

Hands Kyoto

42 E4

Antes llamado Tokyu Hands, ofrece un sinfín de *gadgets*, artículos para el hogar, cosméticos, recuerdos y papelería a precios asequibles *10.00-20.30*

Kamiji Kakimoto

43 F1

Histórica papelería tradicional que posee una cuidada selección de papel *washi* hecho a mano y otros artículos de papelería típicamente japoneses, como cuadernos decorados y estuches de caligrafía. *9.30-17.00 ma-do, 12.00-17.00 sa*

Moda y 'vintage'

Mimuro

44 D6

Establecimiento grande, cuenta con una amplia variedad de kimonos y *yukatas* (kimonos ligeros de algodón) de alta calidad. El personal habla inglés y ofrece asesoramiento. *10.00-18.30*

Harajuku Chicago

45 F3

Tienda de ropa de segunda mano a precios increíbles: moda contemporánea, kimonos y *yukatas*. *11.00-20.00*

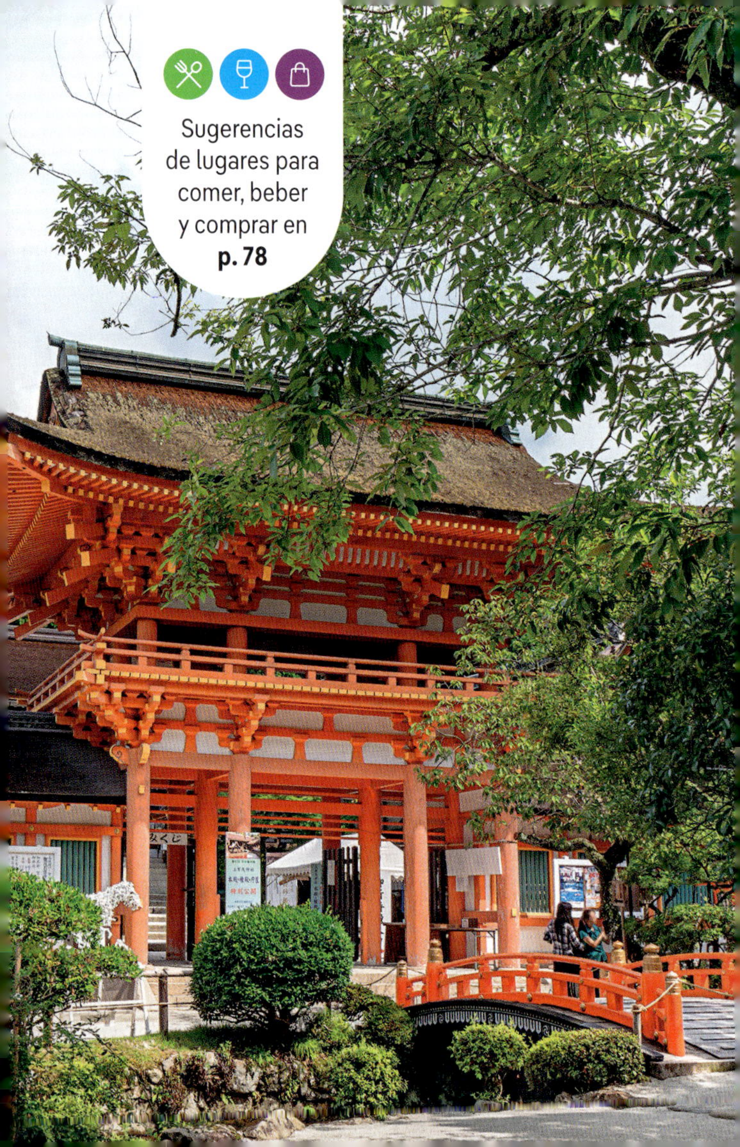

Sugerencias de lugares para comer, beber y comprar en **p. 78**

Explora Palacio Imperial y alrededores

Presidida por el Palacio Imperial y su extenso parque con jardines, antaño esta zona fue el corazón político y administrativo de Kioto (y de todo Japón), pero hoy destaca por ser un refugio sereno y extremadamente verde en el centro de la ciudad. En los barrios circundantes hay mucho por ver y hacer. Al oeste está Nishijin, el histórico distrito textil de Kioto; al noroeste, el enclave zen del Daitoku-ji, un santuario con enigmáticos templos y senderos tranquilos. Los dos santuarios Kamo –el Shimogamo-jinja y el Kamigamo-jinja– figuran entre los más antiguos e importantes del sintoísmo japonés y entre ambos se extiende el Jardín Botánico de Kioto, un remanso de paz, ideal para desconectar.

Cómo desplazarse

Metro

La línea Karasuma ofrece un buen acceso a casi todos los lugares de interés, como el parque del Palacio Imperial y el Jardín Botánico de Kioto, y conecta con la estación de Kioto. Si no importa caminar un poco, muchos otros puntos están a una distancia razonable de alguna estación.

Autobús

Los autobuses urbanos dejan más cerca de los principales atractivos, en especial los situados en el noroeste, como el Daitoku-ji y el Kamigamo-jinja. Se pueden consultar las rutas y horarios en los centros de información turística.

Shimogamo-jinja (p. 75).

LO MEJOR

Descubrir los numerosos templos y exquisitos jardines zen del **DAITOKU-JI** (p. 70).

Relajarse y desconectar en la exuberante vegetación del **PARQUE DEL PALACIO IMPERIAL** (p. 74).

Vivir una experiencia espiritual y descubrir qué depara el futuro en el **SHIMOGAMO-JINJA** (p. 75).

Viajar al pasado entre las *machiya* y talleres que flanquean las calles del pintoresco barrio textil de **NISHIJIN** (p. 76).

CIRCUITO A PIE

Paseo por el parque del Palacio Imperial y alrededores

El parque del Palacio Imperial es el corazón verde de la ciudad y un lugar muy frecuentado por los kiotenses para huir del bullicio urbano. Recorrer el tradicional barrio textil y artesanal de Nishijin y la zona del Shimogamo-jinja permite descubrir la riqueza histórica de Kioto y su significado espiritual.

INICIO	FINAL	DURACIÓN
Parque del Palacio Imperial	Shimogamo-jinja	4 km; 3 h

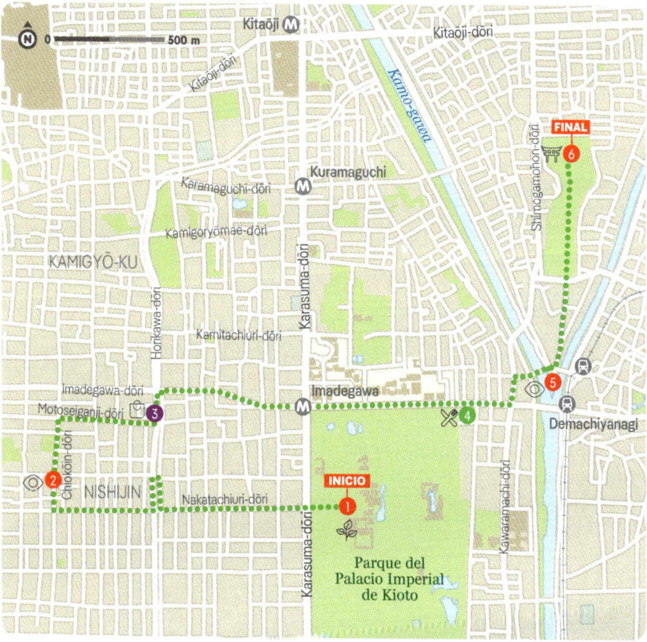

1 Vistas del parque

Se puede empezar bien temprano para unirse a quienes salen a correr por los senderos del **parque del Palacio Imperial** (p. 74) o, si se prefiere, pasear tranquilamente por los jardines paisajísticos, frondosos bosques y estanques. Si se desea un toque cultural, se puede reservar un circuito guiado a alguno de los impresionantes palacios y bellos jardines.

2 Barrio

Luego se va hacia el oeste para retroceder en el tiempo en las calles de **Nishijin** (p. 76), el tradicional barrio de tintes índigo y telares de Kioto, aún muy activo. Sus callejuelas forman un laberinto de *machiya* (casas tradicionales) y talleres, y son idóneas para observar el día a día de sus residentes.

3 Entre telares

Tras explorar el barrio, se ahonda en su historia y en la tradición artesanal del **Centro Textil de Nishijin** (p. 79). Hay demostraciones de telares, desfiles de kimonos y se pueden admirar numerosos artículos relacionados con los tejidos. Además de alquilar un kimono, quien desee una experiencia completa –que incluye maquillaje, peinado y sesión de fotos–, puede transformarse en una *maiko* (aprendiz de *geisha*).

4 Hora del almuerzo

Se va hacia el este bordeando el parque para abrir el apetito y almorzar en **Grand Burger** (p. 78), un local informal, muy popular entre vecinos y expatriados por sus jugosas hamburguesas con patatas fritas artesanas y ensalada de col, además de deliciosos acompañamientos.

5 Cruce fluvial

Desde allí, un corto paseo hacia el noreste lleva hasta la confluencia de los ríos Kamo-gawa y Takano-gawa. Se puede cruzar por el puente o utilizar las piedras en forma de tortuga para llegar al **delta del Kamo-gawa** (p. 61), ideal para sentarse y observar a los lugareños, sobre todo en verano, cuando suelen chapotear en el río.

6 Momento espiritual

Se sigue andando hacia el norte hasta llegar al sendero arbolado que lleva al **Shimogamo-jinja** (p. 75), uno de los santuarios sintoístas más antiguos e importantes de Kioto. Se cruza la brillante y monumental puerta bermellón para acceder al santuario, donde se puede adquirir un *omikuji* (papelito de la fortuna) para mojarlo en el arroyo y descubrir qué depara el futuro.

★ IMPRESCINDIBLE

Daitoku-ji

Santuario zen en pleno corazón urbano, el Daitoku-ji (大徳寺) entusiasmará a quienes estén dispuestos a caminar y explorar un poco. Este extenso complejo de templos está amurallado y es un remanso de paz, con jardines paisajísticos y de roca y una arquitectura zen exquisita.

PLANO: P. 72 **A2**

CONSEJO
La puerta principal (Somon) está en el sureste del complejo, pero la entrada más pintoresca es el paseo de 200 m desde la puerta sur (Nammon).

Templo principal

El Daitoku-ji es el templo principal de la escuela Daitoku-ji del budismo zen japonés, perteneciente a la tradición Rinzai. Situado en el extremo oriental del complejo, fue fundado en 1319, destruido en los incendios de la guerra de Onin un siglo después, y reconstruido a finales del s. XIV. Más adelante, el templo se asoció con el arte de la ceremonia del té y con poderosos señores de la guerra, como Toyotomi Hideyoshi. Los edificios principales no estan abiertos al público, pero varios de los templos secundarios que los rodean sí, por lo que vale la pena visitar el conjunto.

Daisen-in

Abierto todo el año y contiguo al edificio principal del Daitoku-ji, el **Daisen-in** destaca por sus pequeños y sublimes jardines de roca, que constituyen un punto culminante del diseño de *kare-sansui* (jardines zen de arena rastrillada). Cada detalle está impregnado de significado: el río seco es una metáfora de la vida y desemboca en una llanura de grava blanca que simboliza el vacío de la muerte. El templo alberga, además, la *tokonoma* (hornacina) más antigua que se conserva, elemento aún presente en las salas con tatamis, y unas valiosas *fusuma* (puertas correderas pintadas). Tras la visita, se puede tomar té verde y dulces en un acogedor salón de té.

Jardín, Zuihō-in.
XPACIFICA/GETTY IMAGES ©

Jardines sublimes

En el sureste del complejo se agrupan tres templos secundarios que pueden visitarse. El primero de ellos, el **Zuihō-in,** tiene un origen inusual, dado que fue fundado por cristianos en 1535. Su jardín presenta guijarros rastrillados que recuerdan a las olas del mar; si se observa con atención, pueden verse rocas dispuestas en forma de cruz. Al lado está el **Ryōgen-in,** un tranquilo templo con jardines de musgo y piedra bellamente distribuidos; se cree que uno de ellos es el jardín zen más pequeño de su tipo. En el interior se conservan algunos tesoros, como un fúsil de 1583 que podría ser el más antiguo de Japón. Completa este trío el **Ōbai-in,** un templo con extensos y variados jardines zen, muy pintorescos en otoño y que sin duda deberían visitarse.

En un rincón del lado occidental del complejo se halla el **Kōtō-in,** uno de mejores jardines zen del país, pero actualmente cerrado al público.

Escanea este código QR para información práctica y otros datos.

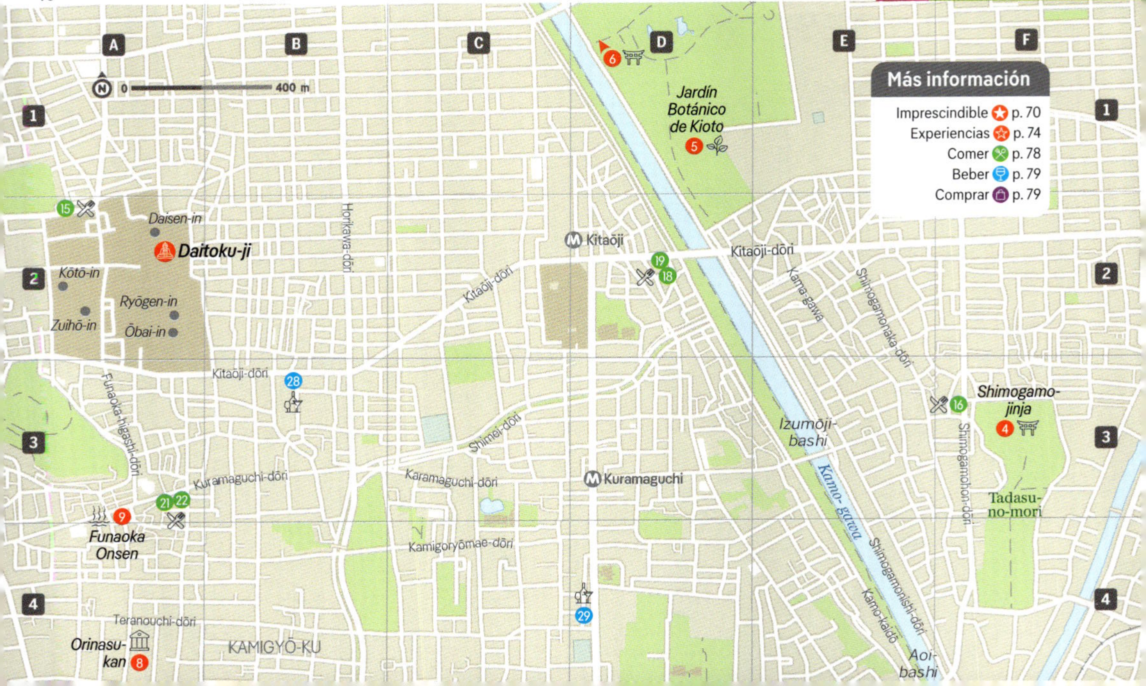
Más información
Impresscindible p. 70
Experiencias p. 74
Comer p. 78
Beber p. 79
Comprar p. 79
A
B
C
D
E
F
1
2
3
4
0
400 m
Daitoku-ji
Daisen-in
Kōtō-in
Ryōgen-in
Zuihō-in
Ōbai-in
15
Horikawa-dōri
Kitaōji-dōri
Kitaōji
19
18
Jardín Botánico de Kioto
5
6
Kama-gawa
Shimogamonaka-dōri
Shimogamo-jinja
4
16
Shimogamohon-dōri
Tadasu-no-mori
Izumōji-bashi
Kamo-gawa
Shimogamonishi-dōri
Kamo-kaidō
Aoi-bashi
Kuramaguchi
Karamaguchi-dōri
Shimei-dōri
Kamigoryōmae-dōri
29
28
Kuramaguchi-dōri
Funaoka-higashi-dōri
21
22
9
Funaoka Onsen
Teranouchi-dōri
Orinasu-kan
8
KAMIGYŌ-KU

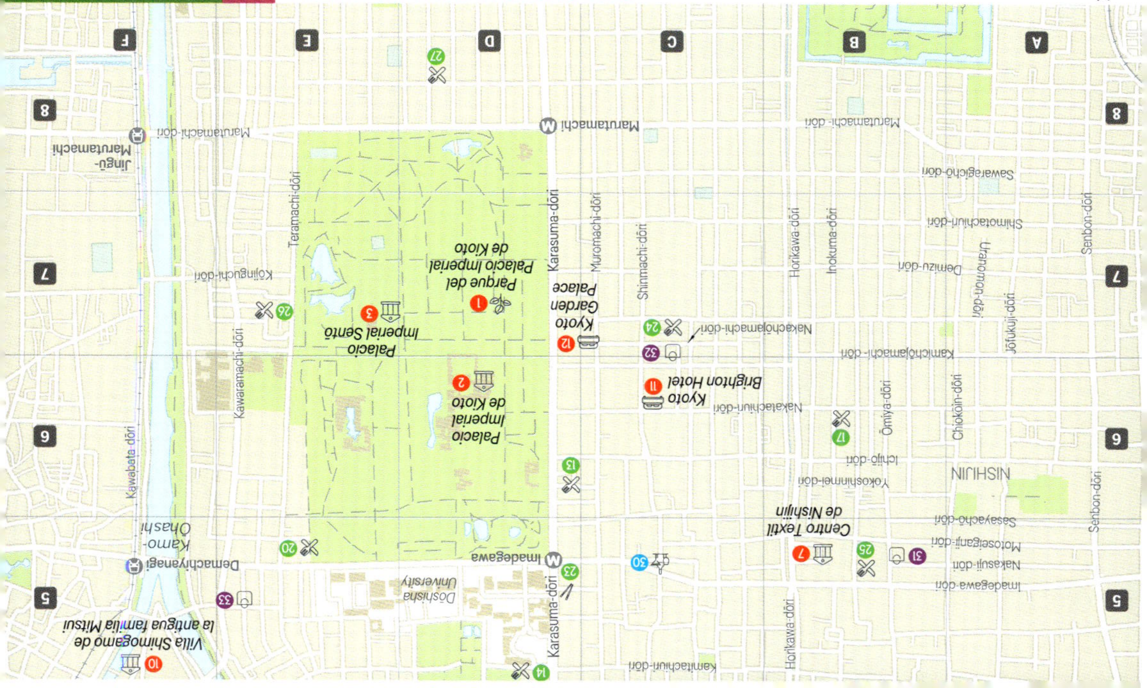
Palacio Imperial de Kioto
Parque del Palacio Imperial de Kioto
Palacio Imperial Sentō
Villa Shimogamo de la antigua familia Mitsui
Centro Textil de Nishijin
Kyoto Garden Palace
Kyoto Brighton Hotel
Dōshisha University
NISHIJIN
Kawabata-dōri
Kawaramachi-dōri
Teramachi-dōri
Kōjinguchi-dōri
Karasuma-dōri
Muromachi-dōri
Shinmachi-dōri
Nakachōjamachi-dōri
Kamichōjamachi-dōri
Nakatachiuri-dōri
Kamitachiuri-dōri
Horikawa-dōri
Inokuma-dōri
Ōmiya-dōri
Ichijō-dōri
Yokoshinmei-dōri
Chiekōin-dōri
Demizu-dōri
Uranomon-dōri
Jōfukuji-dōri
Shimotachiuri-dōri
Sawaragichō-dōri
Sasayachō-dōri
Motoseiganji-dōri
Nakasuji-dōri
Imadegawa-dōri
Senbon-dōri
Marutamachi-dōri
Marutamachi
Imadegawa
Demachiyanagi
Jingū-Marutamachi
Kamo-Ōhashi
A
B
C
D
E
F
5
6
7
8

EXPERIENCIAS

Estirar las piernas en el parque del Palacio Imperial de Kioto PARQUE

PLANO: 1 P. 72 **D7**

También conocido como **Jardín Nacional Kyoto Gyoen** (京都御苑), este enorme recinto se halla prácticamente en el centro de la ciudad y alberga tanto el Palacio Imperial de Kioto como el Palacio Imperial Sentō. Es un oasis tranquilo, ideal para pasear, disfrutar de un pícnic o mirar a la gente pasar. Cuenta con senderos arbolados, amplias avenidas de grava, jardines paisajísticos y zonas de césped para jugar y descansar. El parque es hermoso en cualquier época del año, pero alcanza su máximo esplendor a principios de primavera, cuando florecen los ciruelos (fin feb) y los cerezos (fin mar/ppios abr). Los entusiastas de la historia no deberían perderse la antigua residencia Kaninnomiya, en la esquina suroeste del parque, una vivienda señorial restaurada, que suele pasar desapercibida y que, junto con sus jardines, es de entrada gratuita.

Pasear como la realeza por el Palacio Imperial de Kioto PALACIO Y JARDINES

PLANO: 2 P. 72 **D6**

Casi en el centro del parque se encuentra el **Gosho,** o **Palacio Imperial de Kioto** (京都御所), residencia de la familia imperial japonesa hasta que el emperador y la capital se trasladaron a Tokio en 1868. No es posible acceder al interior del palacio, pero vale la pena recorrer el recinto y admirar los majestuosos edificios y jardines (1 h, aprox.). Hay paneles explicativos (en inglés), pero es mejor descargarse la audioguía (gratis). También se ofrece un circuito guiado (gratis, en inglés) dos veces al día. Se entra por la puerta Seisho-mon, en el lado oeste del recinto.

Unirse a un circuito guiado por el Palacio Imperial Sentō CIRCUITO

PLANO: 3 P. 72 **E7**

Frente al Palacio Imperial de Kioto, pero menos suntuoso que este, se alza el **Palacio Imperial Sentō** (仙洞御所). Construido en 1630 como residencia de retiro para el emperador Gomizuno, más tarde fue utilizado por otros emperadores, aunque la estructura actual data de 1867.

Los impresionantes jardines, que conservan su diseño original, solo pueden visitarse mediante un circuito guiado (gratis, en japonés, pero con audioguía en inglés).

Los circuitos se realizan dos veces al día (10.00 y 13.30), duran poco más de 1 h y se reservan en línea a través dc la Agencia de la Casa Imperial *(kunaicho.go.jp)*; también hay una oficina de reservas en la esquina noroeste del parque del Palacio Imperial. Hay que ser mayor de 18 años y llevar el pasaporte.

ALOJAMIENTOS TRANQUILOS JUNTO AL PARQUE

Esta zona de Kioto no cuenta con muchos alojamientos, pero de noche es muy tranquila, por lo que es ideal para quienes buscan paz y silencio sin alejarse en exceso del centro urbano. El **Kyoto Brighton Hotel** (PLANO: 11 P. 72 C6), a pocos minutos a pie del parque del Palacio Imperial, ofrece habitaciones amplias y un lujo refinado, así como un servicio gratuito de enlace (ida y vuelta) con la estación Karasuma-Oike. Frente al parque, el **Kyoto Garden Palace** (PLANO: 12 P. 72 D7) es una alternativa mucho más asequible, con bicis gratuitas para los clientes.

Purificar el alma en el Shimogamo-jinja SANTUARIO

PLANO: 4 P. 72 F3

Declarado Patrimonio Mundial, este santuario sintoísta del s. VII es uno de los más antiguos e importantes de Japón. Situado cerca de la confluencia de los ríos Kamo-gawa y Takano-gawa, para llegar al santuario principal del **Shimogamo-jinja** (下鴨神社) es mejor recorrer el evocador Tadasu-no-mori, un bosque con árboles de 600 años de antigüedad y en el que, según la tradición, se desvelan todas las mentiras. Varios santuarios más pequeños salpican el lugar, como el curioso Sawata-jinja, dedicado al *rugby,* y el Kawai-jinja, al que se acude para ser bendecido con más belleza.

Muy cerca se encuentra el Aioi-no-yashiro, ideal para quienes buscan suerte en el amor, mientras que en el Mitarashi-sha, son muchos los kiotenses que en verano se refrescan vadeando el arroyo cercano para purificarse y combatir el calor. En cualquier época del año se puede mojar un *omikuji* (papelito de la fortuna) en el agua para revelar su mensaje oculto (¡y descifrarlo con una *app* de traducción!). El autobús 4 para frente al santuario; también se puede llegar andando en unos 15 min desde la estación Demachi-Yanagi.

Desconectar en el Jardín Botánico de Kioto JARDÍN BOTÁNICO

PLANO: 5 P. 72 D1

Con una extensión de 24 Ha y más de 12 000 especies de plantas, árboles y flores, el **Jardín Botánico de Kioto** (京都府立植物園) es de cita obligada para los amantes de las plantas o quienes deseen pasar unas horas en un entorno tranquilo, y solo cuesta 200 ¥.

Cuenta con distintas zonas, de modo que en todas las estaciones hay especies en flor que admirar. El invernadero principal es inmenso y sin duda vale la pena pagar los 200 ¥ adicionales de la entrada. Incluye muestras botánicas que ofrecen un viaje exprés por los distintos ecosistemas del mundo: desde desiertos hasta selvas tropicales y paisajes alpinos. Son pocos

Desfile de kimonos, Centro Textil de Nishijin.
JOHN LANDER/ALAMY STOCK PHOTO ©

los turistas que visitan este enclave, por lo que es ideal para alejarse del gentío.

Visitar el Kamigamo-jinja SANTUARIO

PLANO: 6 P. 72 D1

En esta zona de la ciudad hay dos grandes santuarios —el Shimogamo-jinja y el **Kamigamo-jinja**—, conocidos como "santuarios Kamo".

El **Kamigamo-jinja** (上賀茂神社), construido antes de la fundación de Kioto, es Patrimonio Mundial. Fundado en el año 679 y dedicado a Raijin, deidad del trueno, conserva numerosos edificios –como la imponente *haiden* (sala de culto)– que se reconstruyeron entre los ss. XVII y XIX como réplicas exactas de las estructuras originales. Visitarlo lleva menos de 1 h. El autobús 4 finaliza aquí su recorrido. La estación de metro Kitayama queda a unos 15 min a pie.

Descubrir el arte de tejer en Nishijin BARRIO HISTÓRICO

PLANO: 7 P. 72 B5

Este pequeño distrito al noroeste del parque del Palacio Imperial es famoso por ser el antiguo barrio textil de la ciudad. Repartido en varias manzanas, **Nishijin** (西陣) está lleno de *machiya* (casas tradicionales) y conserva un ambiente muy auténtico, por lo que es perfecto para pasear.

Hay pequeños museos y galerías dedicados a la histórica industria de los tejidos, pero la mayoría de los turistas van al **Centro Textil de Nishijin** (p. 79) para ver telares tradicionales en funcionamiento, cómo se elaboran los kimonos, e incluso comprar alguno.

Para una experiencia más tranquila e íntima, el **Orinasu-kan** (PLANO: 8 P 72 **A4**) es un taller, museo y tienda que permite admirar de cerca los elegantes tejidos y el proceso artesanal.

Relajarse en las aguas del Funaoka Onsen BAÑOS TERMALES

PLANO: 9 P. 72 **A3**

En Kioto no abundan las aguas termales, pero el **Funaoka Onsen** (船岡温泉) es uno de los mejores lugares para disfrutar de un baño reparador. Este antiguo *sentō* (baño público vecinal) ofrece múltiples opciones: baño al aire libre, baño en una tina de ciprés, aguas herbales, baño frío, baño eléctrico, sauna, etc. Abre todos los días de 15.00 a 23.30 (desde las 8.00 los domingos). Las toallas se pueden comprar o alquilar y se permite el acceso con tatuajes. Está en Kuramaguchi-dōri, oculto tras unas grandes rocas.

Admirar el esplendor clásico en la Villa Shimogamo EDIFICIO HISTÓRICO

PLANO: 10 P. 72 **F5**

Construida en 1925 como residencia de la familia Mitsui durante sus visitas al cercano santuario ancestral, y más tarde convertida en residencia del presidente del cercano Tribunal de Familia de Kioto, la **Villa Shimogamo de la antigua familia Mitsui** (旧三井家下鴨別邸) es un magnífico ejemplo de residencia señorial tradicional rodeada de impresionantes jardines.

El edificio principal, trasladado desde otra propiedad que la familia poseía en Kiya-machi, combina elementos arquitectónicos de los períodos Edo, Meiji y Taishō. La torrecilla de observación en la 3ª planta ofrece unas vistas fantásticas, pero los pisos superiores solo se abren al público ocasionalmente. Con todo, la visita permite imaginarse el fastuoso estilo de vida de este lugar, con jardines tapizados de musgo, meticulosamente diseñados, y estanques que parecen obras de arte.

NORMAS DE LOS 'ONSEN'

Darse un chapuzón en un *onsen* (baño termal) va mucho más allá de una simple limpieza corporal: es una costumbre muy arraigada en la cultura japonesa. Sin embargo, hay que observar ciertas normas, como entrar en el baño correcto: 男 para los hombres y 女 para las mujeres. En el vestuario, hay que desnudarse por completo y utilizar las duchas o lavabos para lavarse y luego enjuagarse bien antes de introducirse en el agua. Se puede llevar una toalla pequeña para cubrirse o secarse un poco al salir; durante el baño, es costumbre dejarla sobre la cabeza.

SUGERENCIAS

Lo mejor para...

¥ Económico ¥¥ Medio ¥¥¥ Alto

Localizaciones en el plano de la **p. 72**

Comer

Cafés y dulces

Toraya Karyō Kyoto Ichijō ¥
13 D6
Salón de té tradicional y elegante, al oeste del parque del Palacio Imperial, con vistas a un jardín. Deliciosos dulces japoneses, algunos con *matcha. 10.00-17.30*

Papa Jon's ¥
14 D5
Café luminoso a pocos minutos del parque del Palacio Imperial. Carta variada a precios razonables; la *pizza* y las tartas de queso son sublimes. *11.00-19.00 mi-lu*

Kazariya ¥
15 A2
Uno de los dos establecimientos de dulces situados en la entrada este del Imamiya-jinja; ambos llevan generaciones sirviendo *aburi-mochi* (*mochis* a la parrilla). *10.00-17.00 ju-ma*

Kamo Mitarashi Chaya ¥
16 F3
Café muy popular, inventor de la *mitarashi-dango:* brocheta de bolitas de arroz rociadas con salsa de soja dulce. *9.30-17.30 ju-ma, 9.30-18.00 sa y do*

Cafés

13F Coffee ¥
17 B6
Moderna *machiya* reformada, de estilo artístico y ambiente acogedor, abre temprano y es ideal para empezar el día con un buen café. *7.00-18.00 ma-vi, 7.00-21.00 sa*

Wife & Husband ¥
18 D2
Café acogedor, propio de una película de Ghibli, que prepara cestas para disfrutar de un pícnic junto al río (por encargo). *10.00-17.00, días de cierre variables*

Tasuku Coffee ¥
19 D2
Local minimalista, sirve cafés de gran calidad, perfectos para una pausa o para llevar si se va en bici por el Kamo-gawa. *7.00-16.00 ma-sa*

Comida rápida

Grand Burger ¥
20 E5
Es muy popular entre los vecinos por sus grandes y jugosas hamburguesas en panecillos tostados y esponjosos, con buenos acompañamientos. Servicio rápido y amable. En una calle tranquila. *11.00-20.30 ma-sa*

Kanei ¥
21 A3
Pequeño restaurante tradicional, que sirve fideos *soba* artesanales: *zaru soba* (fideos fríos) o *kake soba* (con caldo). *11.30-14.30 ma-do*

Sarasa Nishijin ¥
22 A3
Café en un antiguo *sentō* (baño público) que conserva los azulejos originales. Platos muy contundentes. *11.30-21.00, hasta 22.00 vi y sa*

Otros sabores asiáticos

E-san ¥¥
23 D5
Uno de los mejores restaurantes tailandeses de Kioto. El almuerzo tipo bufé, variado y a buen precio, es muy popular.

11.00-15.00 y 17.00-22.30 mi-lu

aBu Tandoori & Curry ¥¥

24 C7

Pequeña joya poco conocida, este elegante restaurante de *tandoori* combina ideas modernas con verduras de Kioto para crear deliciosos curris y excelentes *naans*. *11.30-14.30 y 18.00-22.00*

Meirin ¥¥

25 B5

Acogedor restaurante chino oculto en un callejón del barrio de Nishijin, muy apreciado por la clientela local (conviene reservar); sirve clásicos caseros. *11.30-14.00 y 17.30-21.00 ma-do*

Alta cocina

Droit ¥¥¥

26 E7

Sofisticado restaurante de cocina francesa, posiblemente el mejor de Kioto, que ofrece un servicio excepcional en un ambiente íntimo, al este del parque del Palacio Imperial. *17.00-23.00 ju-ma*

Kiyama ¥¥¥

27 D8

Restaurante de *kaiseki* con estrella Michelin. Exquisitos menús estacionales. El del almuerzo, más asequible, también es soberbio. Hay que reservar en línea. *12.00-15.00 y 18.00-22.00*

Beber

Bares informales

Mayday Coffee & Bar

28 B3

Local acogedor y relajado, sirve cócteles y *whiskies* japoneses. El barman habla inglés. *19.00-1.00 vi-mi*

Bar Red Tails

29 D4

Bar íntimo y estrecho, con una amplia selección de bebidas. Hiroshi, el simpático barman, elabora buenos cócteles a precios razonables. *18.00-3.00 mi-lu*

Cavalletta

30 C5

Vinoteca refinada, pero sin pretensiones, ideal para saborear añadas inusuales en un ambiente tranquilo. La comida también es fabulosa. *18.00-1.00 vi-mi*

Comprar

Ropa y textiles

Aizen Kōbō

31 B5

Hermoso taller en una *machiya*, regentado por la misma familia desde hace generaciones, especializado en prendas teñidas con índigo. Es caro, pero con calidad inmejorable. *10.00-17.30 lu-vi, 10.00-16.00 sa*

Centro Textil de Nishijin

véase 7 P. 72 **B5**

Algo turístico, organiza desfiles de kimonos, demostraciones artesanales y posee una tienda en la 2ª planta. *10.00-16.00 ma-do*

Dulces y condimentos

Sawai Shōyu

32 C7

Histórica fábrica de salsa de soja a dos manzanas del parque del Palacio Imperial, es ideal para comprar recuerdos culinarios. *9.00-17.00 lu-sa, 10.30-15.30 do*

Demachi Futaba

33 E5

Popular confitería tradicional, se especializa en *mochis*. Suele haber cola. *8.30-17.30 mi-lu*

Sugerencias de lugares para comer, beber y comprar en **p. 95**

Explora Gion y sur de Higashiyama

Para muchos viajeros, Kioto es sinónimo de *geishas,* templos antiguos y calles flanqueadas por casas de té. Gion y el sur de Higashiyama concentran estos símbolos clásicos de la ciudad. Gion es el famoso barrio de ocio tradicional de Kioto, donde pueden verse *geishas* y *maikos* ataviadas con hermosos kimonos, avanzando por las callejuelas con farillos para reunirse con sus clientes en exclusivas casas de té. Este es el Kioto de los libros ilustrados y las postales, donde casas tradicionales de madera *(machiya),* muy bien conservadas, se alinean en callejones sinuosos e invitan a pasear. El sur de Higashiyama alberga algunos de los templos más icónicos de la ciudad, como el Kiyomizu-dera, pero también rincones menos concurridos que conservan gran parte de su sereno encanto.

Cómo desplazarse

Tren
La línea privada Keihan (no pertenece a JR) es una arteria clave de entrada y salida de la ciudad, con paradas a lo largo del extremo occidental del barrio; la estación Gion-Shijō es una buena base para explorar la zona.

Autobús
Si no se desea andar mucho, los buses llegan a los principales puntos de interés, incluido el Kiyomizu-dera.

Metro
La línea Tōzai conecta el centro de Kioto con el extremo norte del barrio; hay que apearse en la estación Higashiyama.

Cerezos en flor, Kiyomizu-dera (p. 88).
F11PHOTO/SHUTTERSTOCK ©

★

LO MEJOR

Retroceder en el tiempo y sumergirse en la cultura de las *geishas* en **GION** (p. 84).

Contemplar las vistas en uno de los templos más icónicos de Kioto: el **KIYOMIZU-DERA** (p. 88).

Ir de peregrinaje a un extenso complejo budista aún muy activo, el **CHION-IN** (p. 86).

Huir del gentío en uno de los templos más hermosos y tranquilos de Kioto, el **SHŌREN-IN** (p. 91).

CIRCUITO A PIE

Paseo por Gion y sur de Higashiyama

Este es un recorrido largo, pero abarca los principales atractivos de la zona: extraordinarios templos y santuarios, como el Kiyomizu-dera y el Yasaka-jinja; callejuelas con *machiya* (casas tradicionales) en Ninen-zaka, etc. Conviene terminar la ruta al atardecer para concluir el día con una experiencia encantadora.

INICIO	FINAL	DURACIÓN
Parada de bús de Gojō-zaka	Gion	6 km; 5 h

1 Emblema de la ciudad

Desde la parada de autobús de Gojo-zaka, se sube por la cuesta homónima y, al llegar a la primera bifurcación, se gira a la derecha y se sigue por Chawan-zaka (calle de las Teteras). Enseguida se llega al **Kiyomizu-dera** (p. 88), con una enorme terraza de madera, que ofrece unas vistas sublimes, y los manantiales sagrados de la Otowa-no-taki, que invitan a purificarse.

2 Casa de té con encanto

Se baja por Kiyomizu-michi y, en el cruce, se gira a la derecha por las escaleras empedradas de Sannen-zaka, que desemboca en Ninen-zaka. A la izquierda (unas puertas antes de Starbucks), se halla **Kasagi-ya** (p. 95), una rústica casa de té, ideal para hacer una pausa y saborear un dulce tradicional.

3 Jardines deslumbrantes

Se sigue hasta el final de Ninen-zaka, zigzagueando primero a la izquierda, luego a la derecha y después hacia el norte hasta llegar al **Kōdai-ji** (p. 91). El principal reclamo de este exquisito templo son sus magníficos jardines esculpidos. Hay varias casas de té, perfectas para sentarse y admirar las vistas.

4 Santuario sagrado

Desde el Kōdai-ji, se sigue hacia el norte por la encantadora Nene-no-michi; se gira a la derecha y enseguida a la izquierda para bajar hasta el Maruyama-kōen, un parque con un emblemático cerezo llorón *(shidare-zakura)* en el centro. Conviene desviarse un poco hacia el oeste para ver la puerta bermellón y las estructuras de uno de los santuarios más reconocibles de Kioto, el **Yasaka-jinja** (p. 92).

5 Templo lleno de vida

De nuevo en el parque, se va hacia el norte y pronto se llega al **Chion-in** (p. 86); en su extenso e impresionante recinto suele haber mucha actividad religiosa. Si se dispone de tiempo, vale la pena ir también al Shōren-in, justo al lado. Se trata de un sereno templo poco visitado y que conserva intacto su ambiente zen.

6 Barrio de 'geishas'

Desde el Chion-in, hay un paseo (10 min) hasta las pintorescas calles de Shimbashii, flanqueadas por cerezos. Si se llega al anochecer, los farolillos confieren al barrio un aire mágico. Desde allí, basta con andar un poco hacia el sur para llegar a las animadas y encantadoras calles de **Gion** (p. 84), el tradicional barrio de *geishas* de Kioto.

★ IMPRESCINDIBLE

Gion

Gion (祇園), el célebre barrio de *geishas* de Kioto –con algo de suerte se verán algunas dirigiéndose a su próxima cita–, también es el principal barrio de ocio tradicional de la ciudad. Sus pintorescas calles, con farolillos y casas de madera con celosías *(machiya)*, están repletas de tiendas, restaurantes y casas de té *(ochaya)*.

PLANO: P. 90 **D3**

CONSEJO
El mejor momento para disfrutar de la magia de Gion es el atardecer, cuando se encienden los farolillos y aumentan las probabilidades de cruzarse con alguna *geisha*.

Calle principal

Hanami-kōji es la principal arteria peatonal de Gion. Recorre de norte a sur varias manzanas al este del Kamo-gawa. Basta con caminar hacia el este desde el puente junto a la estación Gion-Shijō (a lo largo de Shijō-dōri/Ruta 186) y, al cabo de unos minutos, girar por la calle empedrada que se ramifica hacia el sur. El viajero se sentirá transportado de inmediato a la Kioto de la era Edo: calles bordeadas de elegantes *machiya* de madera, farolillos tradicionales y sin cables eléctricos a la vista. Se puede seguir el flujo de visitantes hacia el sur (es un recorrido habitual hacia los templos del sur de Higashiyama), pero también vale la pena desviarse por encantadores callejones, siempre respetando los puntos señalizados como prohibidos.

Escenas de postal

Algunos lugares de Gion son aún más pintorescos que Hanami-kōji y, en general, están menos concurridos. Si se sube por la sección norte de Hanami-kōji (al norte de Shijō-dōri) y se toma la tercera calle a la izquierda, se llega a una zona especialmente hermosa, llamada Shimbashi (o Shirakawa Minami-dōri). Aquí, las calles empedradas bordean el Shira-kawa (río Blanco) y el ambiente evoca tiempos pasados. Cuando los

'Machiya' (casas tradicionales).
COWARDLION/SHUTTERSTOCK ©

cerezos están en flor, las calles se llenan de tonos rosa pastel y resultan espectaculares (aunque aumentan los turistas). Casi todas las *machiya* de esta zona albergan restaurantes de lujo y locales exclusivos, pero es un rincón ideal para dar un paseo al atardecer sin gastar un solo yen.

Un poco más al norte hay dos calles estrechas que van de este a oeste: Shinmonzen-dōri y Furumonzen-dōri. Están flanqueadas por casas de otros tiempos, anticuarios y galerías de arte, y también vale la pena visitarlas.

Turismo problemático

Muchos turistas van a Gion con la esperanza de ver a una *geisha* o *maiko* (aprendiz de *geisha*), pero es importante no molestarlas, ser respetuoso y no acercarse en exceso. Además, ahora algunas calles y callejones de Gion están prohibidas a los turistas para proteger la intimidad de los residentes. ¡Es importante tenerlo en cuenta!

Escanea este código QR para consejos para visitar la ciudad.

★ IMPRESCINDIBLE

Chion-in

Este extenso complejo en la ladera de una colina alberga imponentes edificios y patios armoniosos. El Chion-in (知恩院) es el templo principal de la escuela budista Jōdo, la más numerosa de Japón. Siempre animado, permite adentrarse en la espiritualidad de Kioto.

PLANO: P. 90 **D2**

CONSEJO
Para disfrutar de una experiencia con más encanto, conviene visitar el templo a primera hora de la mañana o a última de la tarde para evitar los autobuses cargados de turistas.

Orígenes budistas

Los orígenes del Chion-in se remontan al año 1234. Se construyó en el lugar donde predicó y falleció el monje Hōnen, fundador del budismo Jōdo. Esta rama del budismo (literalmente, Tierra Pura) parte de la idea de que cualquiera que tenga fe en Amida (el Buda del Paraíso Occidental) puede alcanzar la salvación. Hasta entonces, el budismo estaba reservado a monjes alfabetizados y aristócratas, por lo que esta nueva escuela se hizo muy popular entre las masas. Hoy sigue contando con millones de fieles.

Estructuras del templo

El Chion-in impresiona al instante, sobre todo si se accede por la monumental puerta **San-mon,** de dos niveles: ningún otro templo de Japón posee una puerta de madera tan grande como esta. Son tales sus dimensiones que alberga una sala de culto, una galería y valiosas obras de arte budista (normalmente no se exponen al público).

Más allá de la puerta, tras subir los escalones de piedra, se alza el inmenso **Miei-dō** (salón principal). Construido en 1639, mide 35 m de ancho y 45 m de largo y custodia una imagen de Hōnen. En determinadas épocas del año, se llena de fieles. Un sendero que parte hacia el este lleva al **Seishi-dō,**

Miei-dō.
COWARDLION/SHUTTERSTOCK ©

el edificio más antiguo del complejo, construido en 1530. Los pasillos que conectan el salón principal con otros edificios secundarios presentan suelos de madera "ruiseñor": chirrían al ser pisados para alertar de la presencia de intrusos.

El recinto

La campana del templo (de 70 toneladas y 3,3 metros de alto) fue fundida en 1636 y es una de las mayores de Japón. Solo se escucha dos veces al año: en abril, durante el servicio conmemorativo de Hōnen, y en Nochevieja, cuando 17 monjes la golpean 108 veces para recibir el Año Nuevo en Kioto.

En el recinto del templo hay dos jardines. El **jardín Hōjō,** en las dependencias del abad, es un hermoso espacio en torno a un estanque. El **jardín Yuzen,** junto a la San-mon, es más moderno y combina rocas y elementos acuáticos.

Escanea este código QR para más información.

★ IMPRESCINDIBLE

Kiyomizu-dera

Declarado Patrimonio Mundial, el Kiyomizu-dera (清水寺) es un templo con más de 1200 años de historia y uno de los lugares más venerados de la ciudad. Fundado junto a un manantial sagrado, ha sido siempre lugar de peregrinación y es famoso por su impresionante terraza de madera de 13 m de alto.

PLANO: P. 90 **D4**

CONSEJO
Tres veces al año (floración de los cerezos, follaje otoñal y durante el O-bon, en agosto) se iluminan los edificios y los árboles (última entrada: 21.00).

Templo histórico

El templo data del año 778 y fue construido en un lugar conocido como "cascada Otowa", de donde proviene su nombre –Kiyomizu-dera significa "templo del agua pura"–. Inicialmente estuvo vinculado a la escuela budista Hossō, una de las más antiguas de Japón. Casi todos los edificios de este extenso complejo fueron devorados por las llamas en varias ocasiones; las estructuras actuales datan de 1633.

Salón principal

El *hondō* (salón principal) del Kiyomizu-dera alberga el objeto de culto más sagrado del templo: una imagen de Kannon, *bodhisattva* de la compasión. Frente al salón se extiende la magnífica terraza, que se eleva casi cuatro plantas por encima de la ladera boscosa. Está sostenida por enormes pilares de madera y se construyó sin emplear ningún clavo.

Lugares sagrados

Justo debajo de la terraza se halla la **Otowa-no-taki** (cascada Otowa), cuyas aguas sagradas brotan por tres chorros separados. Cada uno de ellos concede un beneficio distinto: longevidad, éxito académico y suerte en el amor. Para beber, se pueden

'Hondō' y terraza.
COWARDLION/SHUTTERSTOCK ©

utilizar las tazas dispuestas para este fin, pero se considera codicioso probar los tres chorros.

A la izquierda, detrás del salón principal, se halla el **Jishu-jinja,** un santuario dedicado a la deidad del amor, con dos piedras que distan 18 m entre sí; se dice que quien logre caminar de una a otra con los ojos cerrados verá cumplido su deseo amoroso, y si necesita ayuda para llegar, también la necesitará para encontrar su amor verdadero.

Conviene recorrer todo el recinto; hay un pequeño pabellón que alberga unas 200 estatuas de piedra de Jizō, un par de pagodas de vivos colores y el singular **salón Zuigu-dō:** si se paga una pequeña entrada, permite experimentar la sensación de avanzar a tientas por un espacio subterráneo totalmente oscuro y que simboliza el útero materno.

Escanea este código QR para más detalles.

A
B
C
D
1
2
3
4
5
6
Sanjō
Sanjō-dōri
Sanjō-Ōhashi
Sanjō Keihan
Hanami-kōji
Higashiyama
Shōren-in
Furumonzen-dōri
Shinmonzen-dōri
SHIMBASHI
Shimbashi-dōri
Higashiōji-dōri
Chion-in
Kiyamachi-dōri
Ponto-chō
Kiri-dōshi
Gion Odori
Rental Kimono Okamoto
Shijō-Ōhashi
Tominagachō-dōri
Shijō-dōri
Kawaramachi
Gion-Shijō
Minamiza
Yasaka-jinja
Maruyama-kōen
Hanami-kōji
HIGASHIYAMA-KU
GION
Miyako Odori
Gion Corner
Kawabata-dōri
Miyagawachō-dōri
Takase-gawa
Kennin-ji
Kōdai-ji
Ishibei-kōji
Gion
Yasui Konpira-gū
Kyō Odori
Ninen-zaka
Experiencia del té en Camellia
Yasaka-dōri
Yamatoōji-dōri
Kamo-gawa
Zona de Ninen-zaka y Sannen-zaka
Sannen-zaka
Kiyomizu-michi
Kiyomizu-Gojō
Gojō-dōri
Gojō-zaka
Chawan-zaka
Kiyomizu-dera
Asahi-dō
Kawabata-dōri
Toiyamachi-dōri
Sayamachi-dōri
Shōmen-dōri
Higashiōji-dōri
Museo Nacional de Kioto
Shichijō
Shichijō-dōri
Templo de Sanjūsangen-dō
Más información
Imprescindible p. 84
Experiencias p. 91
Comer p. 95
Beber p. 96
Comprar p. 97
0
400 m

EXPERIENCIAS

Huir del gentío en el Shōren-in — TEMPLO

PLANO: 1 P. 90 D1

A un paso hacia el norte del Chion-in, oculto tras un muro de inmensos árboles, se encuentra el **Shōren-in** (青蓮院), un templo tranquilo y una de las joyas más subestimadas de Kioto. Ofrece un paseo meditativo por su exquisito jardín zen, compuesto de un estanque, praderas de musgo y un bosquecillo de bambú. En otoño, sus rincones arbolados se llenan de color, aunque es una auténtica delicia en cualquier estación. Para disfrutar de una memorable y relajante experiencia, se puede participar en una ceremonia del té en su salón tradicional (tiene lugar en días concretos de primavera y otoño; consúltese *shorenin.com/english/*).

Admirar los exquisitos jardines del Kōdai-ji — JARDINES

PLANO: 2 P. 90 D3

Diseñado con gran suntuosidad, el **Kōdai-ji** (高台寺) es un templo de la escuela Rinzai del budismo zen, pero el principal reclamo son sus extensos e inmaculados jardines, obra de maestros contemporáneos del paisajismo japonés. Uno de ellos es un jardín seco de grava rastrillada que representa el océano; otro, un precioso jardín *tsukiyama:* con un estanque, colinas tapizadas de césped, rocas decorativas y árboles impecables.

En la ladera hay dos casas de té; una fue diseñada por el maestro del té Sen no Rikyū. El templo fue fundado en 1606 por Kita-no-Mandokoro, en honor a su marido Toyotomi Hideyoshi, uno de los grandes unificadores de Japón.

Asombrarse ante las maravillas únicas del Sanjūsangen-dō — TEMPLO

PLANO: 3 P. 90 B6

Una de las visitas más impactantes de Kioto y sin duda de cita obligada, el **Sanjūsangen-dō** (三十三間堂) es un templo fundado en 1664 que impresiona en cuanto se ve. Se considera que el pabellón principal, de 120 m de largo, es la estructura de madera más larga de Japón. Con todo, el interior es aún más fascinante: 1001 estatuas de Kannon (*bodhisattva* de la compasión) se alinean frente al visitante. En el centro se alza una gran estatua de Senjū-Kannon, con un millar de brazos, tallada en 1254; a ambos lados, 500 estatuas más pequeñas, pero de tamaño humano, completan esta visión imponente.

Tomar el té en Camellia — EXPERIENCIA CULTURAL

PLANO: 4 P. 90 C3

El arte de la ceremonia del té (*sadō* o *chadō*, "el camino del té") es una práctica cultural muy arraigada en Japón, en la que cada elemento aporta al conjunto una estética singular. Kioto, como cuna de la cultura refinada, es perfecta para probarlo.

Camellia se encuentra en una hermosa casa tradicional junto a Ninen-zaka. Permite participar en una ceremonia sencilla pero elegante. El anfitrión, que habla inglés, explica cada paso con claridad. El precio incluye un tazón de *matcha* y un dulce japonés.

Pasear por el Yasaka-jinja SANTUARIO

PLANO: 5 P. 90 C2

También conocido como el santuario de Gion, el **Yasaka-jinja** (八坂神社) fue fundado hace más de 1000 años y es, a todas luces, uno de los santuarios más icónicos de Kioto; su distintiva puerta bermellón destaca más allá de las calles de Gion, a los pies de las colinas boscosas de Higashiyama. Abierto las 24 h, es un lugar agradable y con encanto para pasear al anochecer o al amanecer, pero la mayor parte del día presenta un ambiente muy animado y es ideal para degustar delicias callejeras que venden en puestos cercanos. En la época de floración de los cerezos, está especialmente concurrido, al igual que en julio, cuando acoge el Gion Matsuri, uno de los festivales veraniegos más famosos del país.

Retroceder a la Kioto de antaño en Ninen-zaka y Sannen-zaka LUGAR PINTORESCO

PLANO: 6 P. 90 C3

Justo al pie del Kiyomizu-dera hay dos de las calles más pintorescas y evocadoras de Kioto: **Ninen-zaka** (二年坂; "colina de los Dos Años") y **Sannen-zaka** (三年坂; "colina de los Tres Años"), llamadas así en alusión a los años imperiales en que fueron creadas. Sinuosas, estrechas y peatonales, están flanqueadas por antiguas *machiya* de madera, muy bien conservadas, y tiendas de aire rústico. Sin embargo, suelen estar muy concurridas. Es preferible pasear por aquí de noche, cuando el barrio despliega todo su encanto.

Tomarse un respiro en el Maruyama-kōen PARQUE

PLANO: 7 P. 90 C2

Muy frecuentado por kiotenses y turistas, el **Maruyama-kōen** (円山公園) es un bonito parque que se extiende en la ladera tras el Yasaka-jinja. Cuenta con abundantes zonas verdes, estanques y senderos para pasear, y es uno de los rincones más populares de Kioto para contemplar la floración de los cerezos en primavera. Su principal atractivo es un alto cerezo llorón *(shidare-zakura)* que de noche está iluminado. El parque es perfecto para picar algo y ver a la gente pasar.

Lucir un kimono EXPERIENCIA CULTURAL

PLANO: 8 P. 90 C2

Alquilar un kimono y pasear por Kioto como una *geisha* durante un día es una experiencia cada vez más popular entre los visitantes extranjeros. En **Rental Kimono Okamoto,** junto al Yasaka-jinja, se puede hacer realidad. Cuenta con un gran surtido de prendas y se encarga, por un precio razonable, tanto del kimono como del peinado; también hay trajes tradicionales para hombres. Conviene reservar en línea.

Hallar paz y tranquilidad en el Kennin-ji — TEMPLO

PLANO: 9 P. 90 **B3**

A solo unos pasos del bullicioso Gion y de todos sus placeres mundanos, el **Kennin-ji** (建仁寺) es un auténtico remanso de paz. Fundado en 1202 por el monje Eisai –tras estudiar en China, introdujo en Japón el budismo zen y la ceremonia del té–, es el templo zen más antiguo de Kioto. Sus terrenos son amplios y tranquilos, y casi todos gratuitos, pero vale la pena pagar una pequeña entrada para acceder a los edificios principales, que atesoran magníficas obras de arte, como la impactante imagen de dos dragones en el techo del pabellón Hōdō. Los jardines de musgo y grava del templo satisfarán con creces a quienes anhelen un momento de contemplación.

Admirar obras maestras en el Museo Nacional de Kioto — MUSEO DE ARTE

PLANO: 10 P. 90 **B6**

Principal museo de la ciudad, el **Museo Nacional de Kioto** (京都国立博物館) fue fundado en 1895 como depósito imperial para custodiar las obras y tesoros de templos y santuarios de Kioto. El edificio original de ladrillo rojo ha sido restaurado recientemente. Permite hacerse una idea general de la historia del arte japonés, con colecciones que abarcan esculturas, rollos ilustrados, cerámica, hallazgos arqueológicos y pinturas del período feudal. También vale la pena visitar las exposiciones temporales (más información en *kyohaku.go.jp/eng*).

Explorar el mundo de la cerámica en Asahi-dō — ARTESANÍA

PLANO: 11 P. 90 **D4**

Kioto es famosa por su cerámica. **Asahi-dō** (朝日堂) es una prestigiosa tienda del barrio alfarero

DANZAS DE 'GEISHAS'

Si no se dispone del dinero necesario (ni de los contactos) para disfrutar de una velada privada con una *geisha* en una casa de té, asistir a una representación de danzas de *geishas* es una alternativa excelente.

La más conocida es la **Miyako Odori** (PLANO: 12 P. 90 **B3**); ofrece deslumbrantes espectáculos (45 min) todo el mes de abril en el teatro Gion Kōbu Kaburen-jō. Otra opción en la misma época es la **Kyō Odori** (PLANO: 13 P. 90 **A3**), mientras que la **Gion Odori** (PLANO: 14 P. 90 **C2**) puede verse en el Gion Kaikan en noviembre.

de Kiyomizu. Fundada en 1870, se especializa en piezas de cerámica Kyo Ware, torneadas y pintadas a mano. En el salón de la 2ª planta se puede tomar un café mientras se contemplan exposiciones temporales. A solo unos metros, en el Kura Art Salon, a veces se celebran eventos donde los artesanos hacen gala de sus habilidades (más información en *asahizaka.kyoto/en*).

Descubrir el patrimonio cultural de Kioto en el Gion Corner TEATRO

PLANO: 15 P. 90 **B3**

Si asistir a un espectáculo completo de kabuki (3 h) resulta excesivo, pero se desea descubrir el rico patrimonio cultural de Kioto, una función en el **Gion Corner** es la opción perfecta.

Pensadas para turistas, estas representaciones nocturnas (1 h) incluyen una ceremonia del té, *bunraku* (teatro de marionetas clásico), *ikebana* (arte floral), *kyōgen* (intermedio cómico del s. XIV) y *kyōmai* (danza al estilo de Kioto). Las entradas pueden adquirirse en línea en *kyoto-gioncorner.com* (ojo, no hay versión en inglés de la web).

KIOTO INSÓLITA: YASUI KONPIRA-GŪ

En el extremo sur de Gion se halla uno de los lugares más peculiares de Kioto: el **Yasui Konpira-gū** (PLANO: 17 P. 90 **B3**). Frente a este pequeño y antiguo santuario sintoísta hay una gran roca cubierta con unos papeles blancos. Conocida como la roca *enriki/enmusubi*, es costumbre escribir un deseo y el nombre propio en uno de esos papeles, para luego –sin soltarlo– pasar gateando por un agujero en la parte inferior de la roca: hacia atrás para fortalecer una relación; hacia adelante, para terminar con ella.

Una velada teatral en el Minamiza TEATRO

PLANO: 16 P. 90 **B2**

Situado en el corazón de Gion, el **Minamiza** (南座) es el teatro de kabuki más antiguo de Japón. El edificio actual data de 1929, pero ya existía un teatro en este lugar en el s. XVII, de modo que es la cuna de esta singular forma de arte dramático japonés.

Aunque el japonés arcaico de los diálogos resulte difícil de entender (incluso para la mayoría de los japoneses), las funciones siguen siendo un espectáculo fascinante, con vistosos trajes, una escenografía elaborada y tramas dramáticas, casi siempre incomprensibles. Si es posible, conviene leer previamente algo sobre la obra para disfrutar más de la experiencia. Las entradas pueden reservarse en *kabukiweb.net*.

Lo mejor para...

¥ Económico ¥¥ Medio ¥¥¥ Alto

Localizaciones en el plano de la **p. 90**

Comer

Cafés y dulces

Kagizen Yoshifusa ¥
18 B2
Una de las confiterías más antiguas de Kioto, con un salón de té al fondo. Los *kuzukiri* (fideos transparentes de arrurruz) son uno de sus productos estrella y, curiosamente, no son dulces. *9.30-18.00 ma-do*

Kasagi-ya ¥
véase 6 P. 90 C3
Dulces tradicionales japoneses, postres y té *matcha* en un entorno rústico. Está en la vía principal que lleva al Kiyomizu-dera, pero es muy tranquilo. *10.00-17.30 mi-lu*

Shimizu Ippoen ¥
19 B6
Pequeño local sin pretensiones junto al Sanjūsangen-dō, ideal para una parada a media tarde. En verano, el *parfait* de *matcha* y el *kakigori* (hielo raspado) saben a gloria. *11.00-17.00 ma-do*

Zen Cafe ¥
20 B2
Café contemporáneo cerca de la calle principal de Gion, sirve especialidades de Kioto. Gracias al sistema electrónico de reservas, la espera no suele ser larga. *11.00-18.00 ma-do*

Fideos

Yagura ¥
21 B2
Especializado en fideos, frente al teatro Minamiza, en Gion. Se puede elegir entre cuencos de *soba* o de *udon*, o pedir el *omakase:* tres pequeños platos del día, selección del chef. *11.30-20.30*

Mimikou ¥
22 C2
Restaurante informal de fideos *udon* preparados de mil modos distintos. Los *udon* al curri están riquísimos. Hay muchas opciones vegetarianas y veganas. *11.30-15.00 y 17.00-20.00*

Hisago ¥
23 C3
En el centro del barrio turístico del sur de Higashiyama, es perfecto para un almuerzo ligero a base de fideos o arroz. *11.30-16.00 ma-ju y sa-do*

Gion Duck Noodles ¥
24 C2
Pequeño local oculto en un callejón discreto, sirve *ramen* con suculenta carne de pato en caldo también de pato. *11.00-21.00*

'Sushi'

Chidoritei ¥¥
25 B3
Restaurante de *sushi* oculto entre las callejuelas de Gion. El tradicional *saba-zushi* (caballa sobre arroz ligeramente avinagrado, envuelto en *konbu*) es divino. *11.00-18.00 vi-mi*

Sushi Hananoi ¥¥¥
26 B3
Local de *sushi omakase* (selección del chef) en Gion. Regentado por una familia, los cortes de pescado son grandes y fresquísimos. Conviene reservar. *17.00-22.00 ma-do*

Restaurantes especializados

Gion Uokeya U ¥¥

27 B3

Restaurante con estrella Michelin especializado en *unagi* (anguila). Se recomienda el preparado a la parrilla. Conviene reservar. *11.30- 14.00 y 17.00-20.00 ma-do*

Chikumo ¥¥¥

28 B2

Especializado en *teppan-yaki* (plancha de acero), casi todo se sirve en forma de brocheta: platos de carne, marisco y verduras. *17.30-22.00 lu-sa*

Gion Tempura Koromo ¥¥¥

29 B2

Restaurante de tempura de alto nivel, con menú *omakase*; se recomienda maridar los platos con sake. *17.00-22.00 mi-vi, 11.30-15.00 y 17.00-22.00 sa y do*

Gion Danran ¥¥

30 C3

Restaurante especializado en *teppan-yaki* (plancha de acero). Clásicos de Kansai asequibles, como *okonomiyaki* y *yakisoba*. *17.00-22.00 ju-ma*

Alta cocina

Kikunoi ¥¥¥

31 D3

Oculto en un rincón cerca del Maruyama-kōen, este restaurante *kaiseki* con estrella Michelin es uno de los mejores de Kioto. *11.30-13.00 y 17.00-20.00*

Gion Karyō ¥¥¥

32 B3

Cocina *kaiseki* de calidad, sin ser excesivamente cara. Los elegantes asientos en la barra permiten ver cómo el chef elabora los platos. *11.30-14.30 y 18.00-22.00 ju-ma*

Sumibi Kappo Ifuki ¥¥¥

33 B2

Cenas privadas y refinadas (3 h), que muestran lo mejor de la cocina de Kioto, servidas en una hermosa *machiya* en el corazón de Gion. *17.00-23.00 mi-lu*

'Izakayas' (tabernas japonesas)

Gion Yuki ¥¥

34 B2

Búsquense las cortinas rojas que señalan la entrada de esta animada *izakaya*, donde el pescado es el protagonista y el sake, la bebida preferida. *16.00-21.30 lu-sa*

Bamboo ¥¥

35 C1

Izakaya en Sanjō-dōri, con asientos en la barra, que ofrece platos clásicos, como *sashimi*, tempura y *nabe (hot-pot)*. *17.00-23.00*

Mamoriya ¥¥

36 B3

Izakaya a dos pasos del Kamo-gawa, con una amplia carta (en inglés). Es ideal para picar algo o tomar una copa hasta tarde. *17.00-2.00 lu-sa*

Beber

Cerveza artesana

Beer Komachi

37 C1

Pequeño bar informal, dedicado a la cerveza artesana japonesa, con siete grifos rotativos. Sirve buena comida y sake. *17.00-23.00 mi-lu, 15.00-23.00 sa y do*

Gion Tachinomi Yamaneko

38 C2

Elegante bar (asientos solo en la 2ª planta), con ocho cervezas artesanas de barril y más de 50 variedades de sake. *17.00-23.00*

Shalara Craft Beer
39 B3

Local relajado y encantador, ideal para tomar una cerveza tras un día explorando la ciudad. Cervezas y sidras de barril, además de buena comida. *12.00-22.00 mi-do*

Bares y coctelerías

Tōzan Bar
40 B6

Bar de ambiente acogedor y con vigas de madera en el hotel Hyatt Regency Kyoto. Cócteles, *whiskies* japoneses y sakes de Kioto de primera calidad. *17.00-23.00*

Gion Finlandia Bar
41 B2

Elegante bar minimalista en una casa antigua de Gion. Basta con decirle al barman qué apetece tomar: desde un cóctel de autor hasta un *whisky* de malta. *18.00-2.00*

Bar Kohaku
42 D3

Sofisticada coctelería en el hotel Park Hyatt Kyoto. Vistas impresionantes de la ciudad. Es algo caro. *16.00-23.00*

Rock Bar Crunch
43 B2

Bar de *rock* y *heavy metal* muy acogedor. Bebidas a buen precio; se elige la música. *19.00-2.00 lu-sa, 19.00-5.00 vi y sa*

Comprar

Cerámica

Asahi-dō
véase 11 D4

Especialista en cerámica *Kyōyaki-Kiyomizuyaki* (estilo de Kioto), lleva funcionando desde 1870; es el establecimiento principal y ofrece una gran selección. *9.30-18.00*

Imamura
44 D4

Tienda regentada por una encantadora señora, en una discreta callejuela cerca de Kiyomizu-dera; reúne numerosos artículos de cerámica pintados a mano que ocupan hasta el último rincón. *Horario variable*

Kyoto Jizō-dō
45 C4

Tienda de cerámica con artículos asequibles. Justo enfrente del Kyoto Higashiyama-sō, en la calle que lleva al Kiyomizu-dera. Solo aceptan efectivo. *10.00-18.00*

Recuerdos y tentempiés

Yamashita
46 D4

Tienda rústica en Sannen-zaka, que vende encurtidos japoneses tradicionales, a buen precio y sabrosos, ideales como tentempié o recuerdo. *10.00-17.00*

Kurochiku
47 B2

Tienda con artículos modernos y tradicionales: coloridos artículos de papelería, cerámica, tentempiés y objetos decorativos. *11.00-18.30*

Honke Nishio Yatsuhashi
48 D4

Tienda de dulces tradicionales, ofrece té verde gratuito y muestras de *yatsuhashi* (dulce elaborado con harina de arroz, azúcar y canela). *8.30-17.30*

Bolsos y telas

Ichizawa Shinzaburo Hanpu
49 C1

Lleva más de un siglo fabricando bolsos, muchos de lona. *10.00-18.00 mi-lu*

Ayanokoji Gion
50 C2

No muy lejos del Yasaka-jinja. Amplia selección de carteras, bolsos y otros artículos de tela de fabricación local y con temática de Kioto. *10.00-18.00*

Sugerencias de lugares para comer, beber y comprar en **p. 112**

Explora
Norte de Higashiyama

Situado al este del río Kamo y al norte de Sanjō-dōri, el norte de Higashiyama es tan animado como el centro de Kioto y casi tan tranquilo como una zona rural. En el parque Okazaki, en el sur, abundan los museos y galerías, mientras que cerca de las colinas de Higashiyama se pueden visitar varios templos: algunos muy famosos, como el Ginkaku-ji (Pabellón de Plata), declarado Patrimonio Mundial, y el Eikan-dō, con su impresionante paisaje otoñal, y otros casi secretos. También se puede dar un relajante paseo por el Sendero de la Filosofía, junto a un canal, o visitar la extensa villa imperial Shūgaku-in y luego tomar un té con vistas a un jardín en Murin-an. Además, el norte de Higashiyama reúne los mejores locales de *ramen* de Kioto.

Cómo desplazarse

Autobús

Casi todos los lugares de interés están comunicados por el bus 5, que sale de la estación de Kioto, atraviesa el centro y se detiene en el parque Okazaki, Nanzen-ji/Eikan-dō, Ginkaku-ji, y cerca de la Shūgaku-in Rikyū. En las zonas más turísticas puede ir muy lleno.

Metro y tren

El metro de la línea Tozai para en la estación Higashiyama, ideal para llegar al parque Okazaki y al Heian-jingū. La estación Keage es práctica para visitar el Nanzen-ji, el Eikan-dō y el extremo sur del Sendero de la Filosofía. El metro de la línea Eizan para en Ichijōji y en la Shūgaku-in.

Sendero de la Filosofía (p. 100).

★

LO MEJOR

Conocer los jardines zen y la arquitectura en uno de los templos más famosos de Kioto, el **GINKAKU-JI** (p. 102).

Pasear por el **SENDERO DE LA FILOSOFÍA** (p. 100), con cafés, galerías y templos.

Descubrir la ecléctica mezcla de arte contemporáneo y tradicional en el **MUSEO DE ARTE KYOCERA** (p. 108).

Visitar el **NANZEN-JI** (p. 104) y sus tranquilos templos menores, con jardines fabulosos y puertas correderas pintadas.

CIRCUITO A PIE

Sendero de la Filosofía

Este recorrido empieza y termina en dos templos declarados Patrimonio Mundial, pero entre ambos serpentea el Sendero de la Filosofía (哲学の道), que discurre junto a un canal y está salpicado de cafés, galerías y templos poco conocidos, como el Hōnen-in. Es un paseo especialmente bonito a finales de marzo y principios de abril, cuando florecen los cerezos que bordean el canal.

INICIO	FINAL	DURACIÓN
Parada de Ginkaku-ji-michi	Estación Keage	4 km; 3 h

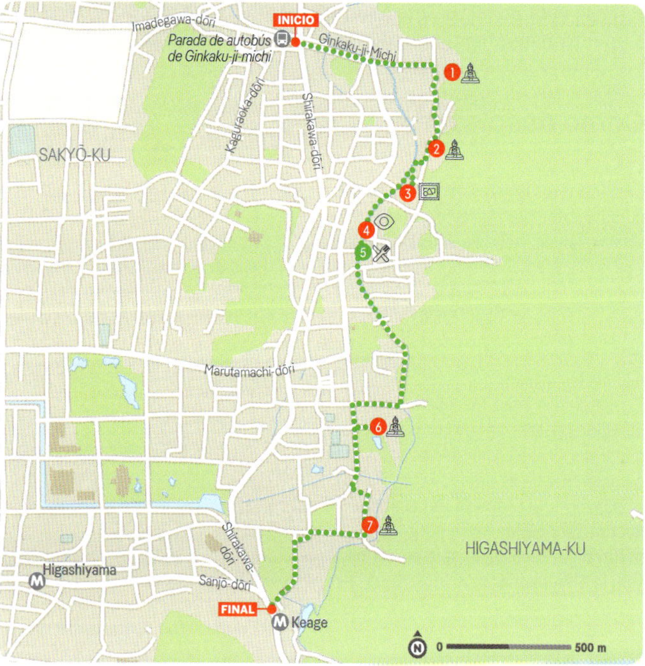

1 Pabellón de Plata (sin plata)

Desde la parada de autobús de Ginkaku-ji-michi, un camino lleva en 5 min hasta el **Ginkaku-ji** (p. 102), declarado Patrimonio Mundial. También se lo conoce como Pabellón de Plata -*gin* (銀) significa "plata"-, aunque nunca ha estado recubierto de este metal, y destaca por su jardín seco de arena blanca y su jardines de musgo.

2 Templo oculto

Luego se gira a la izquierda y se sigue por una calle lateral (5 min) hasta encontrar un letrero que indica cómo llegar al **Hōnen-in,** templo gratuito con muchos menos visitantes que el Ginkaku-ji. Conviene echarle un vistazo por su entrada, cubierta con un techo de paja, y las retorcidas raíces de los árboles y el musgo del jardín.

3 Parada artística

Se sigue hacia el sur por el Sendero de la Filosofía, flanqueado por pequeñas tiendas de artesanía y galerías, como la **Plus 81 Gallery** (ma cerrado), consagrada a diversos géneros de arte contemporáneo de vanguardia.

4 Contemplación junto al canal

Se regresa hasta el letrero del Hōnen-in y se gira a la izquierda para tomar el **Sendero de la Filosofía,** una ruta de 2 km que discurre junto a un canal bordeado de cerezos. Toma su nombre de Nishida Kitarō, un filósofo que solía pasear por aquí absorto en sus pensamientos, cuando se dirigía a su despacho en la Universidad de Kioto.

5 Café y mascotas

Tras recorrer varios cientos de metros en dirección sur, se puede tomar un café o una *pizza* en **And Bull** (p. 112). Desde él se ve el camino y admite perros, por lo que es posible que haya uno en la mesa de al lado.

6 Refugio espiritual

Al llegar al final del Sendero de la Filosofía, se gira a la derecha -se pasará por Breizh (p. 112)- y luego a la izquierda para ir al **Eikan-dō** (p. 109), que alberga una excelente colección de paneles pintados y en otoño deslumbra con su follaje.

7 Final apoteósico

Más al sur se encuentra el **Nanzen-ji** (p. 104), declarado Patrimonio Mundial. Tras admirar el jardín zen del s. XVII y las pinturas en las puertas correderas del edificio principal, pueden explorarse templos menores, como el Konchi-in y su jardín contemplativo. Luego se siguen las señales durante 5 min en dirección suroeste hasta la estación Keage.

★ IMPRESCINDIBLE

Ginkaku-ji

El Ginkaku-ji (銀閣寺), también conocido como Pabellón de Plata pese a carecer de este metal, es uno de los grandes reclamos del norte de Higashiyama por el impactante mar de arena rastrillada del templo, el jardín con un estanque tapizado de musgo y su arquitectura clásica.

PLANO: P. 106 **F3**

CONSEJO
Bastan 30 min para visitar el Ginkaku-ji, pero puede ampliarse la experiencia con un paseo de 2-3 h por el Sendero de la Filosofía.

De villa a templo zen

Este templo fue construido en 1482 como villa de retiro del sogún e importante mecenas Ashikaga Yoshimasa; de ahí que también funcionara como centro cultural. Tras su muerte, ocho años después, se convirtió en templo zen.

¿Y la plata?

Aunque su nombre oficial es Jishō-ji, popularmente se lo conoce como Ginkaku-ji ("Pabellón de Plata"), pese a carecer por completo de este metal. Una teoría es que Yoshimasa se quedó sin fondos para recubrir el templo de plata; otra es que de este modo se podía diferenciar del **Kinkaku-ji** ("Pabellón de Oro"; p. 118), construido por el abuelo de Yoshimasa. También se ha dicho que estaba recubierto de una laca negra que, cuando la luz se reflejaba en ella, producía un brillo plateado.

Aunque la ausencia de plata hace que el Ginkaku-ji no cause el impacto inicial del Kinkaku-ji, su diseño paisajístico y su arquitectura sobria son muy impresionantes. Incluye, por ejemplo, el jardín que abre el recorrido circular por el recinto, con un "mar de arena plateada" rastrillada *(ginshadan)* y un cono de 2 m para contemplar la luna *(kogetusdai)*.

Pabellón de Plata.
SEAN PAVONE/SHUTTERSTOCK ©

El Kannonden

El edificio principal, también llamado Kannonden, se ve desde distintos puntos del recinto, pero solo puede admirarse de cerca al llegar al final del recorrido. Presenta un diseño similar al del Pabellón de Oro: ambos se hallan junto a un estanque que refleja su silueta, están coronados por un ave fénix y combinan distintos estilos arquitectónicos. Sin embargo, en el caso del Kannonden, la 1ª planta sigue un estilo residencial japonés clásico, mientras que el Pabellón de Oro presenta ventanas en forma de campana y puertas de madera al estilo de los templos chinos.

Escanea este código QR para horarios y cómo llegar.

★ IMPRESCINDIBLE

Nanzen-ji

El Nanzen-ji (南禅寺), un templo zen a los pies de las colinas de Higashiyama, fue construido como una villa a finales del s. XIII por el emperador Kameyama, quien, después de hacerse monje, lo donó al budismo. Hoy es un extenso complejo, de cita obligada, con templos menores, jardines y arte tradicional.

PLANO: P. 106 **F7**

CONSEJO
No todas las zonas del Nanzen-ji son gratis. Vale la pena adquirir una entrada para visitar el Hōjo, la atracción principal, pero pagar 600 ¥ para entrar en la Sanmon y disfrutar de las vistas desde el balcón resulta excesivo.

El Hōjo

La visita al Nanzen-ji empieza cruzando la puerta Sanmon, de 22 m de alto. Después, muchos visitantes se dirigen al complejo del **Hōjo.** Antaño residencia del abad, alberga una magnífica colección de pinturas de puertas correderas *(fusuma)* y un famoso jardín seco. Los tigres son un motivo común en ambos: en las *fusuma* aparecen sobre elaborados fondos de pan de oro; en el jardín, cruzando arroyos mediante la disposición de las piedras.

Un dragón oculto

Entre la puerta Sanmon y el Hōjo, se encuentra el pabellón principal, llamado **Hōdo.** Está prohibido a los visitantes, pero si uno se agacha y mira hacia arriba por la malla metálica que bloquea la entrada, podrá vislumbrar un espectacular dragón pintado en el techo.

Hōdo.
CEZARY WOJTKOWSKI/SHUTTERSTOCK ©

Sublimes templos menores

El Nanzen-ji también cuenta con algunos templos menores (hay que pagar otra entrada). De los 13 que hay, el **Tenju-an,** al sur de la puerta Sanmon, destaca por su jardín con un estanque, su jardín seco y, en otoño, por sus arces teñidos de bermellón, que atraen a numerosos visitantes. El principal reclamo del **Konchi-in,** al sureste de la puerta Sanmon en dirección a la estación de metro Keage, es su jardín seco, que evoca una tortuga y una grulla.

Escanea este código QR para horarios y cómo llegar.

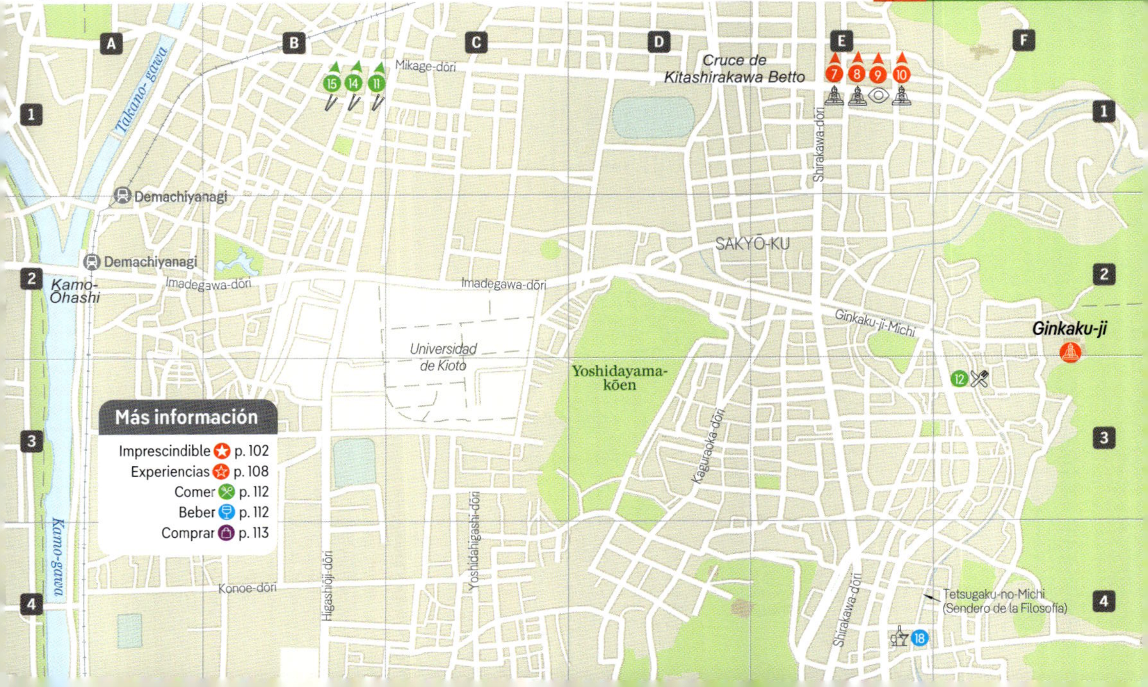

Más información

- Imprescindible p. 102
- Experiencias p. 108
- Comer p. 112
- Beber p. 112
- Comprar p. 113

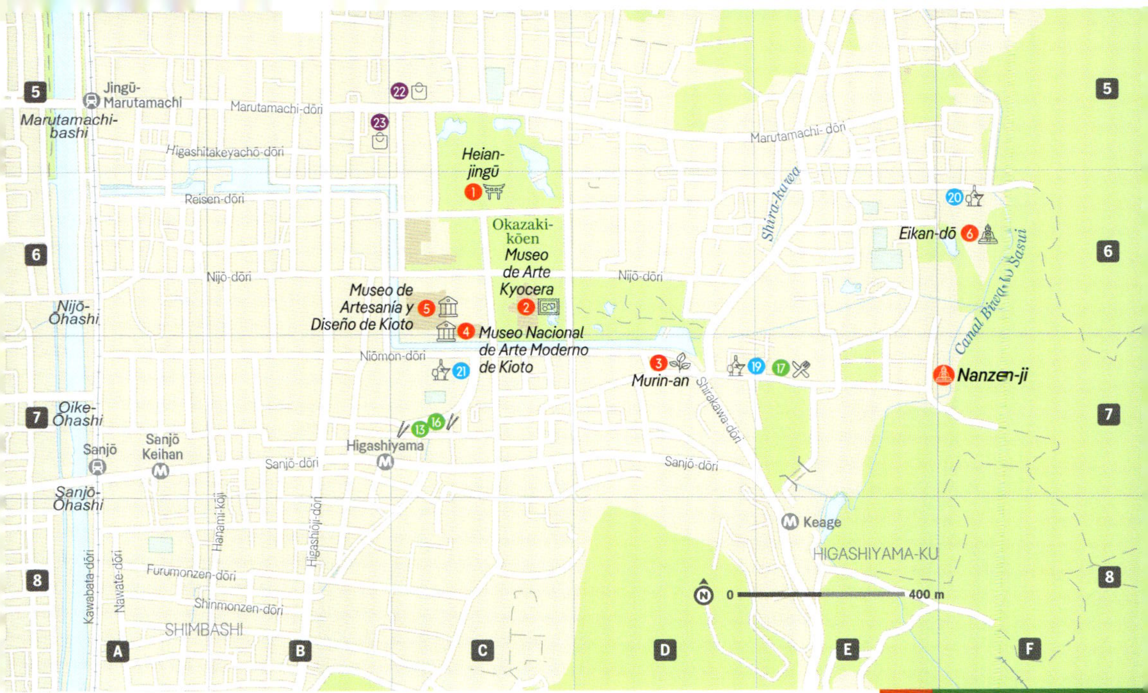
Jingū-
Marutamachi
Marutamachi-
bashi
Marutamachi-dōri
Higashitakeyachō-dōri
Reisen-dōri
Nijō-dōri
Nijō-
Ōhashi
Oike-
Ōhashi
Sanjō
Sanjō
Keihan
Sanjō-
Ōhashi
Kawabata-dōri
Nawate-dōri
Furumonzen-dōri
Shinmonzen-dōri
SHIMBASHI
Hanami-kōji
Higashiōji-dōri
Sanjō-dōri
Higashiyama
Niōmon-dōri
Heian-
jingū
Okazaki-
kōen
Museo
de Arte
Kyocera
Museo de
Artesanía y
Diseño de Kioto
Museo Nacional
de Arte Moderno
de Kioto
Nijō-dōri
Murin-an
Shirakawa-dōri
Sanjō-dōri
Shira-kawa
Marutamachi-dōri
Eikan-dō
Canal Biwa-ko Sasui
Nanzen-ji
Keage
HIGASHIYAMA-KU
0
400 m
A
B
C
D
E
F
5
6
7
8

EXPERIENCIAS

Pasear por los jardines del Heian-jingū SANTUARIO Y JARDÍN

PLANO: 1 P. 106 C6

El **Heian-jingū** (平安神宮) fue construido en el parque Okazaki en 1895 para conmemorar el 1100 aniversario de la fundación de Kioto como capital de Japón.

El acceso al recinto principal es gratuito y permite visitar rápidamente un conjunto de edificios bermellón dispuestos en torno a un gran patio: una réplica a menor escala del antiguo palacio imperial de Kioto. Si se está interesado en el paisajismo tradicional, vale la pena pagar 600 ¥ para disfrutar de un paseo (30 min) por los jardines del santuario.

Diseñados en cuatro secciones que cubren unas 3 Ha, combinan estanques llenos de carpas, casas de té y flores de temporada, como lirios. En algunos puntos incorporan como *shakkei* (paisaje prestado) el fondo boscoso de las colinas de Higashiyama.

Descubrir la ecléctica colección del Museo de Arte Kyocera MUSEO DE ARTE

PLANO: 2 P. 106 C6

Situado entre el recinto principal del Heian-jingū y su gran *torii* bermellón, hoy el parque Okazaki alberga una biblioteca, un centro de exposiciones, un teatro y varios museos y galerías.

Se puede pasar medio día aquí, pero, si el tiempo apremia, conviene ir directamente al **Museo de Arte Kyocera** (京セラ美術館), al este de la gran *torii*. Posiblemente el mejor museo de arte de Kioto, destaca por sus dimensiones, diversidad y capacidad para acoger a grandes artistas japoneses e internacionales. Consta de múltiples salas y pabellones y ha organizado exposiciones que van desde una retrospectiva sobre los iconos del arte urbano (con obras de Banksy, Kaws y otros) hasta una muestra sobre la influencia del clasicismo en la pintura japonesa de principios de la era Showa.

Té con vistas en la villa Murin-an TÉ Y PAISAJE

PLANO: 3 P. 106 D7

Construida en 1896 al sureste del parque Okazaki como residencia privada del estadista Yamagata Aritomo, la **Murin-an** (無鄰菴) es un excelente ejemplo de casa y jardín de la era Meiji. Combina un diseño paisajístico de estilo natural con una vivienda tradicional japonesa, una casa occidental de dos plantas y una casa de té con suelo de tatami, ideal para disfrutar de una infusión de *matcha* con dulces japoneses mientras se contempla el jardín.

El jardín en sí ofrece un paseo (10 min) entre arroyos susurrantes, piedras para cruzarlos y prados, antes de regresar a la casa de estilo occidental, cuya 2ª planta se conserva tal y como era en 1903, cuando Yamagata y otros estadistas se reunieron en ella para planear la guerra ruso-japonesa.

Solo se permiten 15 personas/h, por lo que el ambiente muy tranquilo. Se aconseja reservar (pero no es indispensable) a través de su web *murin-an.jp/en/* (en inglés).

Admirar los colores otoñales en el Eikan-dō TEMPLO

PLANO: 6 P. 106 **F6**

El **Eikan-dō** (永観堂) es uno de los templos más pintorescos de Kioto, en especial cuando los arces se visten de rojo (nov) o sus hojas tapizan el suelo como una alfombra ardiente (ppios dic). Ello comporta, lógicamente, más visitantes y avanzar despacio entre una foto y la siguiente, sobre todo durante las iluminaciones nocturnas de otoño, pero la experiencia vale la pena.

También es interesante visitarlo en otras estaciones: se puede dar un tranquilo paseo por su jardín con un estanque, o subir a la pagoda de dos niveles, situada en una ladera, para disfrutar de hermosas vistas de la ciudad. Además, se puede visitar con más calma el Shaka-do, con su suelo de madera que cruje a cada paso, y su jardín interior, rodeado de salas con puertas correderas con valiosas pinturas, o el Amida-do, que custodia la célebre estatua del Buda Amida.

MÁS ARTE Y ARTESANÍA EN OKAZAKI

Frente al Museo de Arte Kyocera, el **Museo Nacional de Arte Moderno** de Kioto (京都国立近代美術館; PLANO: 4 P. 106 **C6**) presenta exposiciones temporales de artistas vinculados con Kioto y la región de Kansai. Al oeste, en el sótano del centro de exposiciones Miyako Messe, el **Museo de Artesanía y Diseño de Kioto** (京都伝統産業ミュージアム; PLANO: 5 P. 106 **C6**) ocupa una sola planta, pero ofrece una excelente presentación de 74 oficios tradicionales de la ciudad: desde el lacado *kyo-shikki* hasta el teñido textil *kyo-yuzen*.

Contemplar los jardines del Shisen-dō JARDÍN

PLANO: 7 P. 106 **E1**

Situado en la zona residencial del norte de Higashiyama, el **templo de Shisen-dō** (詩仙堂), también conocido como "la villa del ermitaño", fue construido en 1641 como casa de retiro del samurái y erudito paisajista Ishikawa Jozan. No es extraño que alguien dedicado al estudio de los clásicos chinos diseñara un jardín al estilo de la dinastía Tang como elemento central. En primavera y otoño, atrae a los amantes de la jardinería que buscan vistas fabulosas. Desde el suelo de tatami del pabellón se contempla una alfombra de arena blanca, azaleas cuyas formas recuerdan a lejanas montañas y, al fondo, una frondosa muralla de arces que en noviembre adquieren un vivo tono anaranjado.

Para llegar, hay que caminar 10 min hacia el este desde la estación Ichijōji (línea de tren de Eizan) o 7 min desde la parada del autobús 5 en Ichijōji Sagarimatsucho.

Meditar en el Enkō-ji

EXPERIENCIA ZEN

PLANO: 8 P. 106 E1

El **Enkō-ji** (圓光寺), unos minutos al norte del Shisen-dō, es una auténtica joya oculta. El recinto del templo está salpicado de pequeños jardines que ofrecen un excelente recorrido por el paisajismo tradicional japonés. El primero que se ve es el Honryutei, un *karesansui* (jardín seco) que, mediante arena blanca rastrillada y piedras, representa un dragón surcando las nubes. En el patio interior se halla el Jyu-gyu no Niwa, tapizado de musgo, con un estanque y arces. Luego se atraviesa un bosquecillo de bambú, antes de subir unas escaleras hasta lo alto de una colina con vistas.

Todos los domingos, el templo ofrece sesiones de meditación *zazen* (6.00-8.00, 1000 ¥). Se imparten en japonés, pero están abiertas a todo el mundo e incluyen, además de la meditación convencional, una forma de meditación en movimiento *(samu)*. Como parte de la experiencia se sirve un sencillo desayuno. Hay que reservar (preferiblemente en japonés) llamando por teléfono con un día de antelación.

Visitar la villa imperial Shūgaku-in

CIRCUITO GUIADO

PLANO: 9 P. 106 E1

Situada en las estribaciones del monte Hiei, la **Shūgaku-in Rikyū** (修学院離宮) ocupa 53 Ha y fue construida en la década de 1650 como una villa imperial. A diferencia de muchas otras villas de Kioto que terminaron convertidas en templos, esta sigue siendo una residencia imperial, pero puede visitarse mediante un circuito guiado en grupo (80 min, gratis).

La finca consta de tres zonas principales, denominadas Villa Alta, Villa Intermedia y Villa Baja, conectadas por un sendero de grava bordeado de pinos que cruza arrozales en terrazas. La Villa Baja alberga una casa para la ceremonia del té, con vistas a un jardín con el monte Hiei como *shakkei* (paisaje prestado). En la Villa Intermedia se puede echar un vistazo al pabellón Kyakuden, con el techo de paja. La visita finaliza en la Villa Alta, con los más modestos pabellones Rinuntei y Kyusuitei, desde los cuales se contempla un gran estanque salpicado de islotes, las zonas residenciales del norte de Kioto y montañas lejanas.

FABULOSA EXCURSIÓN

Los lugares de interés de Ichijōji y la Shūgaku-in pueden combinarse fácilmente en una excursión de un día. Lo ideal es empezar haciendo un circuito por la villa imperial Shūgaku-in (hay que reservar), luego caminar hacia el sur hasta el Manshu-in, y después andar otros 15 min para visitar los templos vecinos de Enkō-ji y Shisen-dō. Desde allí, basta con acercarse a la estación Ichijōji para saborear un cuenco de fideos en la calle del Ramen. Contando el tiempo del circuito guiado en la Shūgaku-in, los desplazamientos y las paradas en cada templo, el recorrido llevará 4-5 h. Toda la ruta está bien señalizada.

Para realizar el circuito, basta con reservar una plaza en *sankan.kunaicho.go.jp/english/index.html*. Hay que llevar el pasaporte. En recepción se puede solicitar una audioguía en inglés (gratis).

Desviarse hasta el Manshu-in TEMPLO

PLANO: 10 P. 106 E1

Si se visita la Shūgaku-in Rikyū, vale la pena acercarse al **Manshu-in** (曼殊院), unos 10 min al sur. Sus jardines resultan muy fotogénicos en otoño, cuando los arces crean un fondo rojizo y anaranjado. Con todo, la vista de la arena rastrillada, que recuerda a un mar salpicado de islotes de musgo, es fotogénica en cualquier época del año.

En el interior del templo se pueden recorrer varias salas con puertas correderas pintadas, con obras que datan del s. XVII. También pueden verse algunas celebridades, ya que se exhiben fotos de visitantes ilustres: desde miembros de la familia imperial japonesa hasta el papa Juan Pablo II e incluso un joven David Beckham con la camiseta del Real Madrid.

Degustar 'ramen' en Ichijōji EXPERIENCIA GASTRONÓMICA

PLANO: 11 P. 106 B1

Si se está en Ichijōji para visitar el Shisen-dō o el Enkō-ji, conviene cruzar al otro lado de la estación y explorar la denominada **calle del Ramen** (ラーメン街道). Reúne unos 20 locales diminutos de *ramen* y muchos consideran que es el mejor lugar de Kioto para saborear este plato.

En el extremo sur, **Tsurukame** (p. 112) es popular por su caldo con *miso saikyō*. Más arriba, **Tenten-yu** (p. 112) sirve una combinación clásica de fideos finos y caldo de pollo; se puede acompañar con *chāshū* (lonchas de cerdo asado).

Si no importa esperar, puede optarse por buscar un local con cola en la puerta: seguro que su *ramen* será delicioso. Casi todos los locales abren al mediodía y por la noche.

SUGERENCIAS

Lo mejor para...

Localizaciones en el plano de la **p. 106**

¥ Económico ¥¥ Medio ¥¥¥ Alto

Comer

Fideos

Omen ¥

12 F3

Muy cerca de la parada de autobús de Ginkaku-ji-michi, es ideal para tomar *udon* (fideos gruesos de trigo blanco) con caldo caliente o frío y acompañamientos variados. *11.00-17.30 lu-mi, 11.00-20.00 vi-do*

Sanmikouan ¥

13 C7

En una antigua casa tradicional, con asientos junto al río, ofrece *soba* (fideos de trigo sarraceno) y acompañamientos, como tempura. *11.00-15.00 y 17.00-20.30 ma-do*

Tentenyu ¥

14 B1

Uno de los locales más populares de la calle del Ramen de Ichijōji, sirve *ramen* con caldo de pollo y una generosa ración de *chāshū* (lonchas de cerdo asado). *12.00-22.00 ju-ma*

Tsurukame ¥

15 B1

En el extremo sur de la calle del Ramen, prepara su *ramen* con caldo de *miso saikyō*, típico de la zona. También sirve *tsukemen* (*ramen* para mojar). *11.30-14.30 y 18.00-21.30 vi-mi*

Sabores tradicionales

Hatsune Sushi ¥¥

16 C7

Acogedor local de *sushi*, con solo una barra y regentado por una amable pareja, que sirve menús asequibles y platos a la carta. Está en un callejón cerca del Heian-jingū. Solo admiten efectivo. *11.00-20.00 vi-mi*

Junsei ¥¥¥

17 E7

Menús de *kaiseki ryōri* a base de *yudōfu* (tofu), servidos en un edificio tradicional con preciosos jardines. En el camino hacia el Nanzen-ji. *11.00-14.30 y 17.00-19.00*

Beber

Cafés (y algo más)

And Bull

18 E4

En el Sendero de la Filosofía, destaca por su café y sus *pizzas*. Admiten perros. *10.00-17.00 ma-do*

Blue Bottle

19 E7

Café de origen único, platos de *brunch* y bollería en un encantador edificio centenario, cerca del Nanzen-ji. *9.00-18.00*

Breizh

20 F6

Entre el Eikan-dō y el Sendero de la Filosofía, es ideal para tomar café, postres o crepes francesas. *9.30-19.00 do-mi, 9.30-22.00 ju-sa*

Three Horses

21 C7

Diminuto café de estilo francés, frente al canal

'Soba' y tempura.
PIXHOUND/SHUTTERSTOCK ©

Shirakawa, al otro lado del Museo Nacional de Arte Moderno. Ideal para hacer una pausa durante las visitas por la zona. Fabulosas tartas, desayunos, sándwiches, ensaladas y *scones*. *9.00-17.00 ma-vi, 9.00-18.00 sa y do*

Comprar

Productos tradicionales

Kyoto Handicraft Centre
22 C5
Tienda orientada al turismo, al norte del Heian-jingū. Productos tradicionales, como artículos lacados, xilografías, kimonos y cerámica. *10.00-19.00 ma-vi, 11.00-19.00 sa-lu*

Tōzandō
23 B5
Artículos para artes marciales, como judo, kárate e *iaidō*, y espadas y armaduras japonesas antiguas. *11.00-18.00*

Sugerencias de lugares para comer, beber y comprar en **p. 124**

Explora
Noroeste de Kioto

Esta zona alberga dos de los principales reclamos de la ciudad: el Kinkaku-ji, un templo recubierto de pan de oro, y el Ryōan-ji, un sutil estudio de paisajismo zen. Sin embargo, otros lugares de este rincón de Kioto, esencialmente residencial, revelan una vertiente mucho más tranquila, con templos y jardines menos conocidos y el entorno rural de Takao. Además, el TŌEI Kyoto Studio Park ofrece diversión para toda la familia. Dada la relativa escasez de hoteles, bares y restaurantes, esta zona suele visitarse en una excursión de un día desde el centro, pero quien decida quedarse más tiempo será recompensado con retazos de la vida cotidiana de Kioto.

Cómo desplazarse

Autobús

El autobús es la forma más fácil de llegar a la zona y desplazarse por ella. Desde la estación de Kioto, las rutas 101 y 205 van al Kinkaku-ji (40 min). El bus 59 conecta el Kinkaku-ji, el Ryōan-ji y el Ninna-ji, y también llega hasta Kawaramachi y Sanjo, en el centro. El bus 26 va de la estación de Kioto al Ninna-ji.

Tranvía

Una vez en el noroeste de Kioto, el tranvía Keifuku Randen tiene paradas cerca del Kitano Tenmangū, el Ryōan-ji, el Myōshin-ji, el Ninna-ji y el TOEI Kyoto Studio Park.

Ryōan-ji (p. 120).
SEAN PAVONE/SHUTTERSTOCK ©

LO MEJOR

Visitar uno de los lugares más icónicos de Kioto, el **KINKAKU-JI** (p. 118), o Pabellón de Oro.

Contemplar el enigmático jardín seco zen del **RYŌAN-JI** (p. 120).

Pasear por el mercadillo mensual del **KITANO TENMAN-GŪ** (p. 122), en otoño famoso por sus arces, y en primavera, por sus ciruelos en flor.

Escapar del gentío en los jardines ocultos del **MYŌSHIN-JI** (p. 117).

CIRCUITO A PIE

Paseo por el noroeste de Kioto

Esta zona permite visitar dos de los grandes atractivos de la ciudad –los templos Kinkaku-ji y Ryōan-ji, declarados Patrimonio Mundial– y, además, descubrir templos menos concurridos, ver arte *nihonga* y vivir experiencias culturales inmersivas, como la ceremonia del té.

INICIO	FINAL	DURACIÓN
Kinkaku-ji	Estación Hanazono	5 km; 3 h

1 Pabellón de Oro

Se empieza por el **Kinkaku-ji** (p. 118), un templo cuyo principal reclamo es el pabellón recubierto de oro que le da nombre; consta de tres plantas y se alza en medio de un jardín con un estanque.

2 Pausa artística

Se anda durante 10 min hacia el suroeste por Kinkaku-no-Michi hasta el **Museo de Bellas Artes Insho Domoto,** dedicado a este artista, nacido en Kioto, que también diseñó el interior y exterior del museo. Activo durante la primera mitad del s. xx, su obra abarca desde bocetos de la vida cotidiana hasta pintura abstracta y arte industrial.

3 Momento zen

Tras caminar otros 10 min hacia el suroeste, se encuentra el **Ryōan-ji** (p. 120). Inicialmente una villa privada con jardín, pasó a ser un templo zen en 1450. El principal reclamo es su jardín seco: un pequeño rectángulo de grava rastrillada con varias rocas que, según algunos, representan una tigresa cruzando un río con sus cachorros.

4 Ceremonia del té

Quien desee disfrutar de una experiencia cultural inmersiva, puede asistir a una ceremonia del té privada (50 min, con reserva) en **Camellia Garden** (p. 125; *tea-kyoto.com*). Está frente al Ryōan-ji.

5 Pagoda entre cerezos

Desde allí, tras 5 min hacia el suroeste por Kinkaku-no-Michi, se llega al **Ninna-ji.** Un paseo por el recinto permite ver una pagoda de cinco niveles y un bosquecillo de cerezos que florecen en primavera. También se puede adquirir una entrada para acceder a la zona del Goten, donde destacan la residencia casi palaciega del abad y un jardín paisajístico.

6 Jardines de templos secretos

Desde la puerta Niomon del Ninna-ji, se va hacia el sureste por la ruta 101 hasta el complejo de templos del Myōshin-ji. Los templos menores de este apacible enclave están cerrados al público, salvo algunos (con entrada de pago), como el **Taizō-inm,** que destaca por sus jardines: uno seco y otro con un pequeño estanque, ideal para pasear. Unos 5 min al sur del Myōshin-ji se halla la estación Hanazono, con trenes que llevan de vuelta a la estación de Kioto.

★ IMPRESCINDIBLE

Kinkaku-ji

Con su fachada dorada y cuidada ubicación frente a un jardín tradicional con un estanque que refleja el brillo del templo, el Kinkaku-ji (金閣寺) es una de las estampas más icónicas de Japón. Aunque su popularidad –unida a su estatus de Patrimonio Mundial– atrae a multitudes, sigue siendo una visita imprescindible.

PLANO: P. 121 **D1**

CONSEJO
Si se desea explorar el noroeste de Kioto a pie, conviene empezar por el Kinkaku-ji y seguir el itinerario (3 h) de la p. 116.

La imagen icónica

Para visitar el Kinkaku-ji se debe seguir una ruta establecida (15-20 min) por un sinuoso sendero de grava. Lo primero que se ve es la imagen más célebre del templo: un pabellón de oro, de tres plantas, reflejado en un estanque con islotes arbolados.

Tras la foto de rigor, se sigue por el sendero, que rodea parcialmente el pabellón y permite admirar el tejado de tejas y el fénix dorado que corona el templo. Si se observa con atención, se advertirá que cada nivel presenta un estilo arquitectónico distinto. El primero, sin adornos, se denomina Hosui-in y sigue el estilo *shinden-zukuri*, propio de las villas aristocráticas del s. XI. El segundo, recubierto de pan de oro, sigue el estilo *buke-zukuri*, asociado a la aristocracia guerrera, mientras que el tercero, también recubierto de pan de oro, adopta el estilo de los templos zen chinos.

Orígenes

Inicialmente, el jardín y el pabellón formaban parte de la villa de retiro del sogún Ashikaga Yoshimitsu, del s. XIV, quien pidió que, tras su muerte, fuera convertido en un templo zen. El nombre oficial, Rokuon-ji, proviene del nombre budista póstumo de Yoshimitsu, mientras que Kinkaku se refiere solo

Pabellón de Oro.
NATALIYA HORA/SHUTTERSTOCK ©

al pabellón de oro. El sufijo *-ji* se añade al nombre Kinkaku porque se trata de un templo, y surge así el nombre con el suele conocerse: Kinkaku-ji, o templo del Pabellón de Oro.

Una reconstrucción dorada

Y, ahora, una sorpresa: el Pabellón de Oro actual es una réplica. Una noche de 1950, un monje novicio llamado Hayashi Yoken lo incendió a propósito. Todo el país quedó conmocionado y pronto se reconstruyó sin reparar en gastos. Yoken huyó a una colina, donde intentó suicidarse, pero fue capturado por la policía. Cuando se inauguró el nuevo Kinkaku-ji en 1955, fue puesto en libertad alegando problemas de salud mental, pero falleció de tuberculosis un año después.

Escanea este código QR para horarios y cómo llegar.

★ IMPRESCINDIBLE

Ryōan-ji

Antaño una villa privada, el Ryōan-ji (龍安寺) fue transformado en templo zen en 1450. Declarado Patrimonio Mundial, hoy es uno de los lugares más visitados de Kioto, en parte gracias a su enigmático jardín seco: una disposición críptica de 15 rocas sobre un rectángulo de grava rastrillada.

PLANO: P. 121 **B2**

CONSEJO

Para aprovechar mejor la visita, conviene ir a la hora del almuerzo. El restaurante Seigen-in, con vistas a un jardín independiente dentro del recinto del Ryōan-ji, sirve *yudōfu* (tofu sedoso con verduras y hierbas).

Escanea este código QR para horarios y cómo llegar.

Significado oculto

Los jardines japoneses están llenos de simbolismo, pero el significado del jardín de rocas del Ryōan-ji sigue siendo un misterio. Una interpretación sugiere que la disposición de las rocas representa una tigresa cruzando un arroyo con sus cachorros. Otras teorías apuntan a que las rocas forman un mapa de montañas y monasterios chinos.

Además, tampoco se sabe con certeza quién diseñó el jardín. Algunos lo atribuyen al legendario artista Sōami, también relacionado con el jardín del **Ginkaku-ji** (p. 118), pero no hay pruebas concluyentes de ello.

Hacia la iluminación

El jardín de rocas del Ryōan-ji también fue concebido para funcionar como un *kōan* (acertijo zen). Desde cualquier punto de la plataforma de madera, únicamente pueden verse 14 de las 15 rocas que hay; en el budismo japonés, el número 15 representa la plenitud. Se dice que solo quien ha alcanzado la iluminación puede verlas todas; el hecho de que el resto no pueda verlas alude a la imperfección humana.

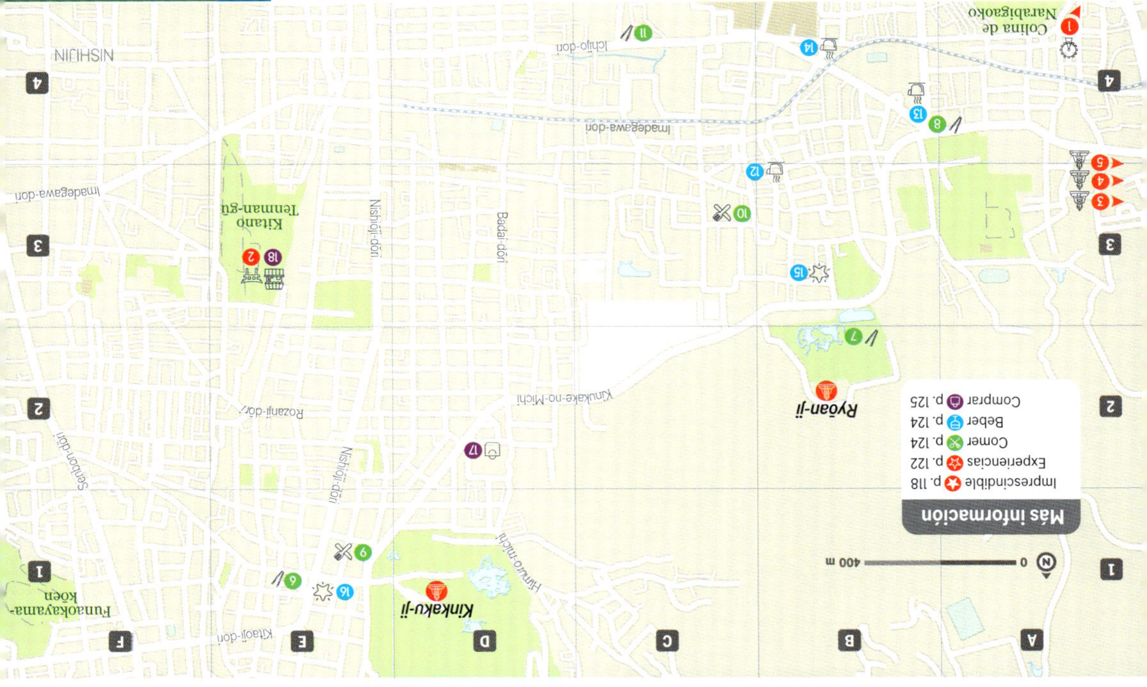
Más información
Imprescindible p. 118
Experiencias p. 122
Comer p. 124
Beber p. 124
Comprar p. 125
0
400 m
Kinkaku-ji
Ryōan-ji
Kitano Tenman-gū
Funaokayama-kōen
Colina de Narabigaoko
NISHIJIN
Kitaōji-dōri
Senbon-dōri
Rozanji-dōri
Nishiōji-dōri
Badai-dōri
Kinukake-no-Michi
Himuro-michi
Imadegawa-dōri
Ichijo-dōri
A
B
C
D
E
F
1
2
3
4

EXPERIENCIAS

Eigamura: entre samuráis, ninjas y decorados PARQUE TEMÁTICO

PLANO: 1 P. 121 **A4**

Si se busca una actividad familiar divertida, lejos de templos y meditación, nada mejor que el **TŌEI Kyoto Studio Park** (東映太秦映画村), cerca de la estación Uzumasa. Conocido como Eigamura ("la aldea del cine"), este pequeño parque temático está gestionado por un estudio de cine que produce muchas de las series japonesas de samuráis. Entre sus atracciones destacan decorados de películas, una casa ninja y un laberinto cubierto. Hay propuestas para los más pequeños, espectáculos de ninjas, alquiler de disfraces de samurái y, los fines de semana, clases de esgrima samurái. Es una forma un tanto *kitsch,* pero muy divertida, de pasar 2-3 h.

Ciruelos en flor y mercadillo en el Kitano Tenman-gū SANTUARIO Y MERCADO

PLANO: 2 P. 121 **E3**

El **Kitano Tenman-gū** (北野天満宮), en el extremo oriental de la

Saimyō-ji.
STEPHEN FLEMING/ALAMY STOCK PHOTO ©

línea de tranvía Randen (estación Kitano Hakubaicho), se construyó en el año 947 en honor al erudito Sugawara no Michizane, hoy venerado en unos 12 000 santuarios de todo Japón como deidad de la agricultura, la honestidad, las artes escénicas y, sobre todo, el saber. Es por ello que un constante flujo de estudiantes, acompañados de sus padres, cruzan las imponentes *torii* del Kitano Tenman-gū en busca de ayuda divina para los exámenes.

No obstante, el santuario también cuenta con atractivos estacionales para los viajeros: a principios de primavera florecen los ciruelos; en otoño, los arces del jardín Momiji-en se tiñen de rojo. Además, el día 25 de cada mes se celebra el mercadillo de Tenjin-san (p. 125): unos 1000 puestos en el santuario y las calles circundantes, que venden antigüedades, artesanía, comida y todo tipo de artículos.

Ruta de templos por la zona rural de Takao TEMPLOS

Situado en un valle boscoso, a 20 min en autobús del Ryōan-ji, el pueblo de **Takao** (高雄) es ideal para descubrir la vertiente más verde de Kioto y visitar varios templos.

Se puede empezar por el **Kōzan-ji** (高山寺; PLANO: 3 P. 121 **A3**). Declarado Patrimonio Mundial, este templo alberga el campo de té más antiguo de Japón y lo que algunos consideran el primer manga del país: una réplica de este pergamino del s. XII con imágenes de animales se exhibe en la preciosa sala Sekisui-in del templo.

Luego se puede seguir por un camino empinado y serpenteante (inaccesible para sillas de ruedas o cochecitos) hasta el centro de Takao, donde aguardan el **Saimyō-ji** (西明寺; PLANO: 4 P. 121 **A3**), con exquisitas estatuas de madera en su salón principal, y el **Jingo-ji** (神護寺; PLANO: 4 P. 121 **A4**), donde muchos visitantes lanzan pequeños platos de cerámica al valle para ahuyentar la mala suerte.

Para llegar, hay un autobús JR que va de la estación de Kioto (parada 3) a Taganō (60 min), con paradas en el Ryōan-ji y el Myōshin-ji.

SUGERENCIAS

Lo mejor para...

Localizaciones en el plano de la **p. 121**

¥ Económico ¥¥ Medio ¥¥¥ Alto

Comer

Almuerzos locales

Hanamakiya ¥
6 E1
Se especializa en *nishin soba* (fideos de trigo sarraceno con arenque seco), plato típico de Kioto, pero también sirve otros tipos de fideos y buenos *donburi* (platos con arroz). *11.30-17.00 vi-mi*

Seigen-in ¥
7 B2
Con suelo de tatami y vistas a un jardín tradicional dentro del Ryōan-ji, sirve *yudōfu* (tofu sedoso con verduras y hierbas). *11.00-15.00 vi-ma*

Soba Samon ¥
8 B4
Especializado en *soba* (fideos de trigo sarraceno), cerca de la puerta Niomon del Ninna-ji, ofrece opciones frías y calientes, como *soba* al curri o con tempura. *11.00-14.30*

Cenas y copas

Kinkaku The After Point ¥¥
9 E1
Local informal cerca del Kinkaku-ji, deleita con cervezas artesanas locales, *whiskies* japoneses y deliciosos platos de pasta (algunos veganos). *11.00-17.00 ju-ma*

Okonomiyaki Katsu ¥¥
10 C3
Local animado y muy popular entre los vecinos, se especializa en *okonomiyaki:* sabrosas tortitas saladas, con múltiples variantes, que se cocinan sobre una plancha en la propia mesa. *11.30-13.30 y 18.00-21.00 sa-mi, 18.00-21.00 vi*

Rakuraku ¥¥
11 C4
Pequeño restaurante con estilo, cerca del Myōshin-ji; el propietario, Akira-san, prepara una amplia variedad de platos y no duda en improvisar según las necesidades de cada uno. *17.30-22.30 ma-do*

Beber

Pausa para un café

Kew
12 C3
Café de diseño elegante entre el Ryōan-ji y el Myōshin-ji, que destaca por sus donuts de crema y su irresistible tarta de queso. Para comer en el local, se debe reservar en línea. *11.00-18.00 mi, ju, sa y do*

Sanowa
13 B4
Al sureste del Ninna-ji, sirve café y tés tradicionales de Kioto, además de postres como *matcha roll* y tarta de *hōjicha* (té verde tostado). *11.00-18.00*

Wonder Café
14 B4
Excéntrico café al norte del Myōshin-ji, lleno de juguetes retro y objetos curiosos, que parece sacado de la década de 1950. *11.00-20.00 mi-lu*

'Yudōfu'.
MIXA/GETTY IMAGES ©

Ceremonias del té

Camellia Garden

15 B3

Ceremonias privadas (50 min) en una casa japonesa centenaria unos minutos al sur del Ryōan-ji. Se debe reservar. *11.00, 13.00, 15.00 y 17.00 lu-sa*

Koto

16 E1

Situado en el acceso al Kinkaku-ji, ofrece clases de ceremonia del té (45 min, privadas y en grupo) y la opción de llevar un kimono. Se debe reservar. *10.30-17.00*

Comprar

Arte y artesanía

Gallery Gado

17 D2

En la carretera entre el Kinkaku-ji y el Ryōan-ji, ofrece grabados en madera, principalmente escenas de Kioto, del artista local Masao Ido. *10.00-18.00*

Mercadillo de Tenjin-san

18 E3

Se celebra en el santuario de Kitano Tenman-gū y reúne unos 1000 puestos que venden objetos de arte y artesanía, ideales como recuerdos. *7.00-16.00 día 25 de cada mes*

Sugerencias de lugares para comer, beber y comprar en **p. 136**

Explora
Arashiyama y Sagano

Desde los inicios de Kioto, emperadores y cortesanos se retiraban a este bello paraje en el extremo occidental de la ciudad, con el río Ōi discurriendo entre montes boscosos y bajo el icónico Togetsukyō ("Puente que cruza la luna"). Hoy, Arashiyama (嵐山) es una de las zonas más concurridas de Kioto. Conviene ir temprano para disfrutar de todos sus atractivos: templos, jardines y el famoso bosque de bambú. El vecino barrio de Sagano (嵯峨野) invita a recorrer el estrecho valle fluvial en tren o en barca, además de pasear por tranquilas callejuelas rurales, con templos en las laderas cubiertas de arces. Esta zona es especialmente mágica en otoño, por el follaje rojizo, y en primavera, por los cerezos en flor.

Cómo desplazarse

Tren
Desde la estación de Kioto se va en 30 min a la estación Saga Arashiyama, en la línea JR Sagano (San-in). También se puede tomar la línea Hankyū desde el centro hasta Arashiyama (con transbordo en Katsura).

Tranvía
La última línea de tranvía que queda en Kioto (Keifuku Randen) conecta la estación de Shijo Ōmiya con Arashiyama, y se ramifica hacia el noroeste.

Autobús
Algunos autobuses van al sur de Arashiyama, como la Katsura Rikyū y los jardines de musgo del Saihō-ji.

'Rickshaw'
Un paseo en *rickshaw* (30 min) para dos personas cuesta 10 000 ¥.

Tren Romántico de Sagano (p. 134).

★

LO MEJOR

Contemplar los jardines paisajistas del **TENRYŪ-JI** (p. 130), templo zen del s. XIV.

Huir del gentío en la **ŌKŌCHI SANSŌ** (p. 133), villa y encantador jardín para pasear de una estrella del cine japonés.

Recorrer el valle fluvial a bordo del **TREN ROMÁNTICO DE SAGANO** (p. 134).

Sentirse diminuto en el imponente **BOSQUE DE BAMBÚ DE ARASHIYAMA** (p. 133).

CIRCUITO A PIE

Paseo por Arashiyama

La calle principal frente al Tenryū-ji está llena de turistas y puestos de tentempiés. Sin embargo, tras rebasar el famoso bosque de bambú, se descubre la vertiente más encantadora de Arashiyama: sinuosos callejones bordeados de casas con el tejado de paja, templos singulares, jardines ocultos y casas de té con chimeneas *irori* y dulces tradicionales.

INICIO	FINAL	DURACIÓN
Tenryū-ji	Hiranoya	3 km; 2 h

1 Dragón celestial

El paseo empieza en el **Tenryū-ji** (templo del Dragón Celestial), donde vale la pena contemplar su jardín, con un estanque de 700 años de historia (p. 130). En él se puede descubrir la cascada de la Puerta del Dragón, formada por rocas erosionadas, y la "piedra carpa", un pez transformándose en dragón.

2 Bosque mágico

Se sale del templo por la puerta norte, que desemboca en el **bosque de bambú de Arashiyama** (p. 133). Solo mide 200 m, pero los imponentes tallos de bambú, dispuestos de forma uniforme, y la luz tamizada crean un ambiente mágico.

3 Sendero samurái

Frente a la salida del bosque de bambú se halla la taquilla para la **Ōkōchi Sansō** (p. 133), una villa con jardines en lo alto de una colina, construida por un famoso actor de películas de samuráis. Se puede pasear por un precioso sendero, repleto de sorpresas, y luego saborear té *matcha* y un dulce tradicional.

4 Vistas panorámicas

Al salir de la Ōkōchi Sansō se toma el sendero al norte, se pasa junto al Ogura-ike, estanque lleno de flores de loto, y se llega al **Jōjakkō-ji,** un templo en medio de un bosque que en otoño se viste de rojo rubí. Si se dejan atrás los pabellones principales y la pagoda, se disfrutará de vistas panorámicas, con el centro de Kioto al fondo.

5 Templo con dos budas

Desde la puerta principal del Jōjakkō-ji, se sigue recto y se toma el segundo desvío a la izquierda; enseguida se llega al **Nison-in** (templo de las Dos Deidades). Debe su nombre a dos estatuas de Buda talladas en madera -Shaka a la derecha y Amida a la izquierda- que simbolizan el inicio y el final de la vida.

6 Jardín de musgo

Se continúa hacia el norte y se llega al **Giō-ji** (p. 135). Antaño un convento, hoy es un santuario con un pequeño e impecable jardín tapizado de musgo. Enfrente, el diminuto templo de Takiguchi-dera posee su propio bosque de bambú.

7 Pausa para el té

Se sigue por uno de los senderos más encantadores de Kioto, bordeado de casas de madera con tejados a dos aguas. Después de 1 km se llega a **Ayuchaya Hiranoya** (p. 136), una casa de té que parece de otra época y sirve un delicioso almuerzo a base de *ayu* (pez dulce). Desde allí, se puede subir a la carretera principal y regresar al centro en autobús, o a pie por las tranquilas callejuelas.

★ IMPRESCINDIBLE

Tenryū-ji

El Tenryū-ji (天龍寺), un conjunto zen que simboliza la esencia de Arashiyama, es uno de los 17 enclaves de Kioto declarados Patrimonio Mundial por la Unesco. Posee uno de los jardines más icónicos de la ciudad, y hay que dar, sí o sí, un paseo matutino por sus tranquilos senderos.

PLANO: P. 132 **C4**

CONSEJO
Para evitar el gentío, conviene llegar al Tenryū-ji a las 8.30, cuando abre. La salida/entrada norte (en la parte posterior) da al bosque de bambú de Arashiyama.

Orígenes del templo

Fundado en 1339 por el sogún Ashikaga Takauji, el Tenryū-ji fue erigido para apaciguar el espíritu del emperador Go-Daigo, aliado al que más tarde traicionó. Takauji nombró como primer abad al maestro zen Musō Soseki, polifacético erudito con talento para la jardinería, la poesía y la caligrafía. Aunque los edificios han ardido en múltiples ocasiones a lo largo de los siglos, el **Sogenchi Teien,** un jardín paisajista con estanque diseñado por Soseki, conserva la estructura concebida 700 años atrás.

Paisaje prestado, belleza eterna

El Sogenchi Teien, uno de los primeros jardines paisajistas que utilizó la técnica del *shakkei* (paisaje prestado), integra las montañas Arashiyama en una composición viva cuyo eje central es un estanque diseñado para evocar el *kanji* (carácter japonés) que designa el corazón. Las rocas más allá del agua evocan una cascada y

'Hōjō' y Sogenchi Teien.
BENNYMARTY/GETTY IMAGES ©

un arroyo de montaña; al parecer, si una carpa *koi* logra remontarlos, se convierte en dragón, símbolo de la iluminación.

A la caza del dragón

Tenryū-ji significa "templo del Dragón Celestial". Su fundación está relacionada con una visión que tuvo el hermano de Takauji: el difunto emperador aparecía como un dragón que debía ser apaciguado. La entrada (de pago) al *hōjō* (aposento del abad) permite admirar una enorme *fusuma* (puerta corredera pintada) que representa un dragón entre las nubes. Otra criatura gigantesca observa desde el techo del *hattō* (salón de conferencias); solo es accesible los fines de semana y festivos.

Escanea este código QR para ver los eventos mensuales del templo y reservar en el restaurante Shigetsu.

A
B
C
D
1
2
3
4
5
6
0
400 m
Daikaku-ji
Adashino
Nenbutsu-ji
Giō-ji
Takiguchi-
dera
Seiryō-ji
Tren
Romántico
de Sagano
Torokko
Saga
JR Saga-
Arashiyama
Okura-
ike
Torokko
Arashiyama
Bosque
de bambú
Ōkōchi
Sansō
Bosque de
bambú de
Arashiyama
Tenryū-ji
Arashiyama
Kameyama-
kōen
Hozu-gawa
Museo de
Arte Fukuda
Togetsu-
kyō
Katsura-gawa
Nakanoshima-
kōen
Arashiyama
Parque de
los Monos
de Arashiyama
Más información
Imprescindible p. 130
Experiencias p. 133
Comer p. 136
Beber p. 136
Comprar p. 137

Vistas desde el Togetsu-kyō, donde la luna cruza el río PUENTE

PLANO: 1 P. 132 **D5**

El gran icono de Arashiyama es el **Togetsu-kyō** (渡月橋; "Puente que cruza la luna"), llamado así por un emperador del s. XIII que, mientras practicaba *tsukimi* (admirar la luna llena de la cosecha), quedó maravillado al ver cómo la luna parecía cruzar el puente de madera. En el año 836 ya existía un puente en este lugar para cruzar el Ōi-gawa. La estructura actual, de 1934, es de hormigón, pero revestida de madera para reproducir el aspecto de antaño. Un buen lugar para hacer fotos es la orilla norte, frente a %Arabica (p. 136) –ideal para un selfi sosteniendo un café–, o desde una barca de remos (se puede alquilar aguas arriba).

Arashiyama y sus bosques de bambú BOSQUES

PLANO: 2 P. 132 **B4**

No es fácil conectar con la magia del **bosque de bambú de Arashiyama** (嵐山竹林), uno de los lugares de Kioto más populares en Instagram, mientras se camina entre multitudes. Por suerte, nada impide ir al amanecer o al atardecer, cuando hay menos gente. También hay bosquecillos de bambú más tranquilos en los cercanos templos de Takiguchi-dera y Adashino Nenbutsuji. Al otro lado de la ciudad, desde el Fushimi Inari-Taisha (p. 38) también se ven bosquecillos de bambú.

Pasear por la ladera de la Ōkōchi Sansō JARDÍN

PLANO: 3 P. 132 **B4**

Esta lujosa villa de la década de 1930 fue construida por Ōkōchi Denjirō, estrella del cine japonés, famoso por sus películas de samuráis. Se alza sobre la empinada ladera del Ogura-san, pero los verdaderos protagonistas son sus jardines. Diseñados con esmero durante tres décadas, una ruta señalizada ofrece nuevas vistas a cada paso. La entrada incluye té *matcha* y un dulce tradicional, servidos en la casa de té al final del paseo. La entrada a la **Ōkōchi Sansō** (大河内山荘) está al oeste del bosque de bambú de Arashiyama.

Jugar a ser emperador en la Katsura Rikyū JARDÍN

PLANO: 4 P. 132 **D6**

El príncipe Toshitada (1619-1662) concibió esta sublime residencia-jardín como lugar de recreo, lo que en la corte del primer período Edo equivalía a contemplar la luna, practicar la ceremonia del té *(sadō)*, pasear en barca y disfrutar de la naturaleza y el arte. El jardín es una pura delicia: los senderos se estrechan para parecer más largos; los "pinos pantalla" bloquean las vistas para orquestar una revelación gradual de los principales rincones, y se reproducen en miniatura algunos paisajes famosos, como la lengua de arena de Amanohashidate ("el puente sobre el cielo"). Cuatro casas de té reflejan la estética *wabi-sabi* de la época: hechas de barro y madera, con una *irori* (chimenea tradicional) y vistas enmarcadas de los arrozales vecinos, encarnan una visión artística que rechaza la ostentación en favor de la imperfección y la fugacidad.

Situada 5 km al sureste de Arashiyama, se puede llegar a la **Katsura Rikyū** (桂離宮) en autobús o en tren. Solo puede visitarse con un circuito guiado (varios horarios a diario, en inglés). Se debe reservar a través de la Agencia de la Casa Imperial *(sankan.kunaicho.go.jp/english)*, pero a veces hay entradas para el mismo día en la taquilla.

Hallar paz en el sereno Saihō-ji

TEMPLO BUDISTA

PLANO: 5 P. 132 **D6**

Exclusivo incluso en el contexto de Kioto, el **Saihō-ji** (西芳寺) solo abre 2 h (10.00-12.00), cuesta 4000 ¥ y, durante décadas, solo podía solicitarse una visita por correo postal (hoy, basta con entrar en *intosaihoji.com/en/nichinichi*). Destaca por su famoso y encantador jardín de musgo, pero, también, porque las estrictas restricciones de acceso permiten disfrutar con calma del entorno de un templo zen. La experiencia empieza copiando en silencio un *sutra* en el **Hondō** (pabellón principal), un ejercicio espiritual que prepara para la contemplación del jardín, creado en 1339 por el maestro zen Musō Soseki, fundador y primer abad del Tenryū-ji (p. 130) y artífice de su jardín.

Subir al Tren Romántico de Sagano

PASEO EN TREN

PLANO: 6 P. 132 **D4**

Solo hay que sentarse y disfrutar de las vistas en este recorrido (25 min) junto a las altas paredes del desfiladero del Hozu-gawa. El **Tren Romántico de Sagano** parte de la estación Saga-Torokko (junto a la estación Saga-Arashiyama). Parcialmente descubierto, avanza con lentitud entre bosques, montañas y por puentes de hierro hasta la estación Torokko Kameoka. Desde allí se puede caminar hasta la estación Umahori y tomar un tren rápido de regreso a Saga-Arashiyama, atravesando túneles, o ir en autobús al embarcadero para dar un **paseo en barca por el Hozu-gawa** (p. 134) y regresar por el río. Conviene reservar el billete de tren al llegar a Arashiyama (se puede elegir la hora). El tren no circula en enero ni febrero.

Descender por el Hozu-gawa en barca

CRUCERO FLUVIAL

PLANO: 7 P. 132 **A2**

Muchos templos de Kioto se construyeron con árboles talados en las montañas y transportados por el Hozu-gawa (río Hozu). En 1895 se pusieron en marcha los **cruceros turísticos** y, desde entonces, no han dejado de recorrer los 16 km que hay hasta Arashiyama. El trayecto (2 h) se completa con la ayuda de rápidos, remos, pértigas

EL OTOÑO MÁS INTENSO DE KIOTO

Arashiyama deslumbra desde mediados de noviembre hasta principios de diciembre con su follaje otoñal: miles de delicados arces japoneses se tiñen de rojo rubí en las laderas de las colinas y los jardines de los templos. Además, el Tren Romántico de Sagano realiza un recorrido nocturno, con focos que iluminan los arces a lo largo de las vías.

de bambú y una simpática tripulación. Se pueden avistar ciervos y monos y se verán rocas curiosas que ayudarán a no pensar en los duros asientos. En invierno las barcas tienen calefacción y, en caso de lluvia, se cubren. El embarcadero está a 10 min a pie de la estación Kameoka.

Ruta de templos por Sagano
TEMPLOS HISTÓRICOS

Se puede pasar un día muy agradable en el noroeste de la estación Saga-Arashiyama recorriendo a pie los templos de la zona. El **Seiryō-ji** (PLANO: 8 P. 132 **C2**) impresiona por sus dimensiones y arquitectura, mientras que el **Daikaku-ji** (PLANO: 9 P. 132 **D1**), antaño un palacio imperial, conserva un elegante estanque, aún venerado como lugar para contemplar la luna. Los vecinos templos de **Giō-ji** (PLANO: 10 P. 132 **A2**) y **Takiguchi-dera** (PLANO: 11 P. 132 **A3**) parecen santuarios secretos. Más al norte, el **Adashino Nenbutsu-ji** (PLANO: 12 P. 132 **A2**) alberga 8000 estatuillas *nenbutsu* de piedra que honran a quienes murieron sin familia. En el **Otagi Nenbutsu-ji** (PLANO: 13 P. 132 **A1**), se exponen más *nenbutsu*, muchas talladas en la década de 1980, tras un devastador tifón.

Visitar el Museo de Arte Fukuda
MUSEO

PLANO: 14 P. 132 **C5**

Inaugurado en el 2019, el **Museo de Arte Fukuda** destaca por su diseño arquitectónico y sus dos galerías. Atesora una fabulosa colección de *byōbu* (biombos decorativos) y *kakejiku* (pinturas en pergaminos) y presenta exposiciones que van desde el período Edo hasta la actualidad. El café del museo (solo para visitantes) ofrece vistas encantadoras del Togetsu-kyō.

Divertirse en el Parque de los Monos de Arashiyama
PARQUE DE FAUNA SALVAJE

PLANO: 15 P. 132 **C6**

Este **parque natural** en la ladera de una colina permite acercarse a un centenar de monos de las nieves (o macacos japoneses) y darles de comer desde una cabaña. La subida es exigente y calurosa, pero las vistas desde arriba compensan el esfuerzo. La entrada al parque está río arriba desde el extremo sur del Tōgetsu-kyō.

SUGERENCIAS

Lo mejor para...

¥ Económico ¥¥ Medio ¥¥¥ Alto

Localizaciones en el plano de la **p. 132**

Comer

Tofu

Yudōfu Sagano ¥¥
16 C5
Arashiyama es famoso por el *yudōfu* (tofu sedoso), principal ingrediente de los menús temáticos (4000 ¥) de este restaurante con un jardín propio de un templo zen. *11.00-17.30*

Tenryu-ji Shigetsu ¥¥
17 C4
Restaurante en el recinto del Tenryū-ji, con el tofu como protagonista. Todos los platos son *shōjin-ryōri:* cocina vegetariana zen de los monjes budistas. Se debe reservar a través de la web del templo *(testmt.tenryuji.com/en/shigetsu). 11.00-14.00*

Almuerzos sencillos

Cafe Dining Sera ¥¥
18 C3
Rincón acogedor, sirve cocina japonesa casera, sabrosa y a buen precio, además de hamburguesas y bistecs. Dispone de carta en inglés. *11.00-16.00 y 17.00-21.00 ju-ma*

INITY ¥
19 D4
Pollo *jerk* jamaicano, música *reggae,* cerveza Red Stripe y cócteles con ron. Junto a la terminal del tranvía de Arashiyama. *11.00-18.00 mi-lu*

Ayuchaya Hiranoya ¥
20 A1
Casa de té con aires de otra época, perfecta tras una ruta por los templos de Sagano. *Ayu* (pez dulce) con arroz, sopa de *miso* y verduras de temporada. *11.30-21.00*

Alta cocina

Kyoto Kitcho Arashiyama ¥¥¥
21 C5
Legendario *ryōtei* (restaurante japonés de lujo), ofrece una experiencia culinaria irrepetible: una larga sucesión de platos que parecen obras de arte, en elegantes salas privadas. *11.30-15.00 y 17.00-21.30*

Okina ¥¥
22 C3
Restaurante con una estrella Michelin, deleita con cocina *gourmet* de Kioto. Los menús fijos del mediodía ofrecen una excelente relación calidad-precio. *11.30-14.00 y 17.00-20.00 ju-ma*

MUKU ¥¥
23 D5
Restaurante en el moderno hotel YADO Arashyma, al sur de Togetsu-kyō, rinde homenaje al *dashi,* con menús fijos que ensalzan este caldo esencial de la cocina japonesa. *7.30-15.00*

Beber

Cafés singulares

% Arabica
24 C5
El segundo local en Kioto de esta cadena de café artesanal, hoy presente

Menú de otoño, Ayuchaya Hiranoya.
THOMAS O'MALLEY/LONELY PLANET ©

en todo el mundo, es el más popular de Arashiyama. Magníficas vistas al río. Siempre hay cola. *9.00-18.00*

Sagano-yu

25 D4

Café situado en una antigua casa de baños, no permite hacer fotos del interior. Café, *matcha* y platos sencillos. *11.00-18.00*

Muni La Terrasse

26 C5

Elegante café informal, con vistas fabulosas, sirve refinada pastelería francesa. Es más caro que el %Arabica, al lado, pero no hay colas. *7.30-10.00 y 11.30-16.00*

Comprar

Delicias locales

Saga Tofu Morika

27 C3

Toda una institución, junto al Seiryo-ji, los mejores restaurantes de Kioto compran aquí el tofu fresco. Ideal si se dispone de cocina en el alojamiento. *9.00-17.00 ju-ma*

Tsuruya Kotobuki

28 D4

Histórica confitería, famosa por sus elegantes *sakura mochi:* pastelitos de arroz glutinoso envueltos en hojas de cerezo. A pocos minutos a pie de la estación Saga-Arashiyama. *9.00-17.00*

Mori

29 C4

Los *tsukemono* (encurtidos japoneses) son un regalo excelente para los *foodies*. Esta tienda elabora una gran variedad de ellos y permite probarlos *in situ*. *10.00-18.00*

づぼらや
づぼらや
珍味てっちり
安心と信頼の日立
ループ
新世界
大小宴会承り中
広々としたお座敷もあります!!
9-22
9-22
串かつ専門店
1本80円~
本場の串かつ

Explora Osaka

Circuitos a pie

Torre Tsūten-kaku (p. 162).

Sugerencias de lugares para comer, beber y comprar en **p. 149**

Explora
Kita

Basta con tomar un tren en la estación de Kioto para plantarse en Osaka en 30 min: una ciudad llena de rascacielos, ideal para los amantes de la gastronomía, las compras y la vida nocturna. El centro se divide en Kita ("norte") y Minami ("sur"). Lo más probable es que el viajero empiece su aventura en Kita, repleto de oficinas, grandes almacenes y miles de restaurantes, todo ello en torno al enorme centro comercial Osaka Station City. Perderse entre infinidad de viajeros y la vorágine comercial forma parte de la diversión, pero si resulta excesivo, se puede desconectar en los prados y rosaledas junto al río en Naka-no-shima, o poner rumbo a la bahía de Osaka, con parques temáticos y atracciones para toda la familia.

Cómo desplazarse

Tren y metro

Kita es un importante *hub* donde confluyen múltiples líneas de tren y de metro. En la estación de Osaka se puede tomar la Osaka Loop Line hasta Universal Studios Japan, y cambiar a la línea Chuo para ir al Acuario de Osaka. Una parada al norte está la estación Shin-Osaka, donde se detienen los *shinkansen*.

Taxi

Después de las 24.00 hay que recurrir a los taxis. La bajada de bandera (700 ¥) incluye el primer 1,3 km; cada kilómetro adicional ronda los 400 ¥.

Museo Nacional de Arte, en la isla de Naka-no-shima, Osaka (p. 147).
ARQUITECTO: CÉSAR PELLI
NATTAKIT JEERAPATMAITREE/SHUTTERSTOCK ©

★

LO MEJOR

Subir al icónico **UMEDA SKY BUILDING** (p. 144) para las vistas desde el mirador de la 39ª planta.

Conducir un Mario Kart virtual en **UNIVERSAL STUDIOS JAPAN** (p. 147), que alberga el espectacular **SUPER NINTENDO WORLD.**

Perderse por los callejones de **TENMA** (p. 147), lleno de bares y locales de barbacoa.

Escapar del bullicio urbano en **NAKA-NO-SHIMA** (p. 147), isla fluvial con museos y rosaledas.

CIRCUITO A PIE

Paseo por Kita

Esta ruta lleva por el intrincado entramado del Osaka Station City: una estructura de varios niveles que conecta grandes almacenes, arquitectura icónica, cocina tradicional y un santuario secreto. El paseo termina en Naka-no-shima, la isla fluvial de Osaka, con edificios históricos, rosaledas y amplias zonas verdes para un pícnic.

INICIO	FINAL	DURACIÓN
Umeda Sky Building	Osaka-jō	4,5 km; 2½ h

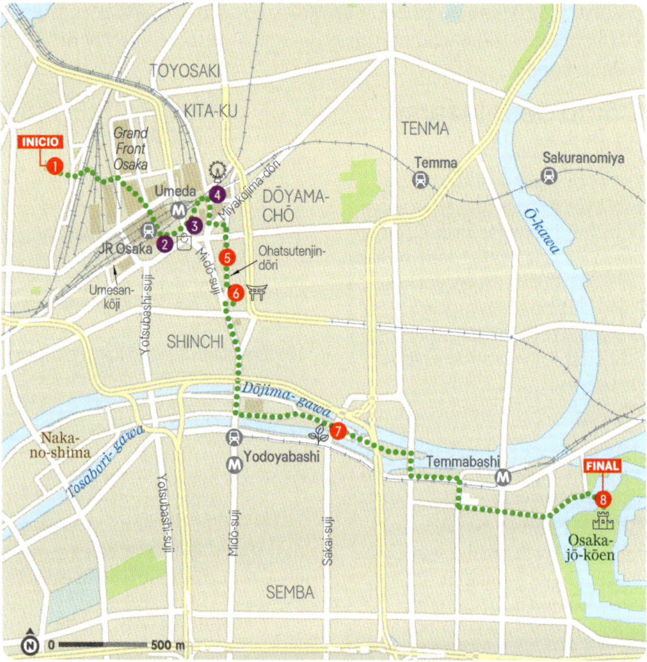

1 Punto de partida

Se empieza en el **Umeda Sky Building** (p. 144). Si se mira hacia arriba y se observa la apertura circular del "jardín flotante" que une ambas torres: parece que una nave espacial acaba de despegar.

2 Atrapar a Pikachu

Se va hacia la estación de Osaka, se cruza el Umekita Plaza y se entra por la salida Central Norte. Una vez dentro, se siguen las indicaciones hacia la salida Central Sur y los grandes almacenes **Daimaru Umeda** (p. 151), con 17 plantas. Se sube hasta la 13ª planta para visitar las tiendas de Pokémon y Nintendo.

3 Delicias 'gourmet'

Se sale de Daimaru por la 2ª planta y se accede al exterior por el Osaka Station City Sky Walk, una pasarela elevada que lleva hasta el Osaka Twin Towers North y **Hankyu Umeda** (p. 151), unos grandes almacenes con dos plantas de *depachika* (productos *gourmet*).

4 Una gran noria

Se sale de Hankyu Umeda por la 1ª planta y se cruza la explanada cubierta siguiendo las indicaciones hacia **Hep Five** (p. 151), un centro comercial juvenil, con una gran noria roja en el tejado; para subir, hay que ir a la 7ª planta.

5 Hora de 'okonomiyaki'

Desde Hep Five, se va al sur pasando por Hankyu Men's (p. 151), uno de los mayores centros comerciales de moda masculina de Japón, y se cruza la calle para ir a la Hankyu East Shopping Arcade (hay que buscar una E gigantesca). Se gira a la derecha y se cruza la calle para ir a Ohatsutenjin-dōri, animada calle comercial cubierta repleta de bares y restaurantes. Se saborea *okonomiyaki* en **Yukari Tensan** (p. 149).

6 Amor prohibido

En el extremo sur de Ohatsutenjin-dōri espera el santuario de **Ohatsu Tenjin,** de 1300 años de antigüedad. Muy popular entre las parejas, apareció en una famosa obra de *bunraku* (teatro de marionetas) basada en la trágica historia de amor entre una cortesana llamada Ohatsu y su enamorado.

7 Diversión en el parque

Se sigue hacia el sur hasta llegar al río y a la isla de Naka-no-shima. Se gira a la izquierda y, tras pasar por la antigua biblioteca, el Ayuntamiento y las rosaledas, se llega al **Naka-no-shima-kōen** (p. 147), el primer parque público de Osaka.

8 Castillo blanco

En el Naka-no-shima-kōen se puede tomar el metro en la estación Yodoyabashi para regresar a la estación de Osaka, o andar 15 min más hasta el **Osaka-jō** (p. 156).

★ IMPRESCINDIBLE

Umeda Sky Building

El Umeda Sky Building (梅田スカイビル), de 173 m de alto, es el edificio más icónico de Osaka. Por su diseño futurista y sus dos torres unidas en lo alto ha sido comparado con un arco del triunfo de la era espacial. El mirador de la 39ª planta ofrece unas vistas espectaculares, en especial al anochecer.

PLANO: P. 110 **A2**

CONSEJO
El Osaka Amazing Pass permite entrar gratis al Umeda Sky Building antes de las 16.00 (ideal para evitar las colas). Después, ofrece un descuento del 30%.

Estilo futurista

Concebido en 1988, antes de la crisis de la burbuja económica japonesa, consta de dos torres gemelas unidas en la parte superior por un "jardín flotante". Su arquitecto, Hara Hiroshi, quien también proyectó la estación de Kioto (p. 42), lo describió como una nave espacial que acaba de despegar.

Vistas urbanas

Sus 173 m apenas lo sitúan entre los 20 edificios más altos de Osaka, pero su altura es ideal para tomar panorámicas de la ciudad y la bahía, sobre todo desde el Sky Walk, un corredor al aire libre en la azotea. Un piso más abajo, se puede disfrutar de las vistas y de una cerveza desde el interior. El ascenso también forma parte de la experiencia: las últimas cinco plan-

Mirador del jardín flotante.
ARQUITECTO: HIROSHI HARA. NIKADA/GETTY IMAGES ©

tas se recorren en escaleras mecánicas acristaladas que desafían al vértigo.

Arte y gastronomía

La torre oeste alberga el excelente **Museo de Arte Koji Kinutani Tenku,** donde se exponen frescos de Koji Kinutani, artista nacido en Nara, con deidades y dragones de estética manga. En el sótano se halla **Takimi Koji,** un espacio gastronómico ambientado en la era Taishō (1912-1926); sirve *okonomiyaki* al estilo de Osaka, *kushikatsu* (brochetas) y otras delicias.

Escanea este código QR para datos prácticos, restaurantes cercanos y comprar entradas.

A
B
C
D
1
2
3
4
5
6
Tenjinbashisuji 6-chōme
TOYOSAKI
Miyakojima-dōri
Umeda Sky Building
KITA-KU
Nakazakichō
CHAYAMACHI
Hankyū Umeda
Pasaje subterráneo al Umeda Sky Building
DŌYAMA-CHŌ
KITA-KU
Ogimachi
Umeda
JR Osaka
Centro de Visitantes de Osaka en Umeda
Hankyū-Higashi Arcade
Nishi-Umeda
Hanshin Umeda
SONEZAKI
Umesan-kōji
UMEDA
Midō-suji
Ohatsutenjin-dōri
Minami-Morimachi
Yotsubashi-suji
Kita-Shinchi
SHINCHI
Tenma (200m)
KITA-SHINCHI
Keihan Watanabebashi
Dōjima-gawa
Keihan Oebashi
Museo de Cerámica Oriental
NAKA-NO-SHIMA
Museo de Arte de Nakanoshima
Tosabori-gawa
Higobashi
Keihan Naniwabashi
Keihan Yodoyabashi
Kitahama
Naka-no-shima-kōen
Museo Nacional de Arte de Osaka
Yodoyabashi
Yotsubashi-suji
Midō-suji
SEMBA
Sakai-suji
0
400 m
Más información
Imprescindible p. 144
Experiencias p. 147
Comer p. 149
Beber p. 149
Comprar p. 151

EXPERIENCIAS

Explorar los callejones de Tenma al anochecer

AMBIENTE CALLEJERO

Si la idea de *izakayas* llenas de humo y pequeños restaurantes en callejones destartalados resulta atractiva, hay que ir a **Tenma** (天満).

Desde la estación Tenma, basta con andar hacia el norte para dar con este laberinto de estrechas callejuelas. Bulliciosas al final de la jornada laboral, están repletas de bares de estética retro que sirven *okonomiyaki, kushikatsu* y carnes a la parrilla.

Destaca el Beer Belly Tenma, con cervezas artesanas Minoh, de producción local.

Paseo artístico por Naka-no-shima

MUSEOS Y JARDINES

PLANO: 1 P. 146 D5

Flanqueada por dos ríos, la isla de **Naka-no-shima** (中之島), de 3 km de largo, alberga el **Museo Nacional de Arte de Osaka** (PLANO: 2 P. 146 A5), proyectado por César Pelli para la Expo '70, que presenta obras del s. xx en un singular espacio subterráneo.

A su lado se alza el imponente cubo negro del **Museo de Arte de Nakanoshima** (PLANO: 3 P. 146 A5); a menudo expone obras de Saeki Yuzo (1898-1928), pintor modernista nacido en Osaka. Siguiendo hacia el este se llega al **Museo de Cerámica Oriental** (PLANO: 4 P. 146 C4), con una extraordinaria colección de porcelana china y coreana.

Tras pasar junto a dos edificios históricos de principios del s. xx –la Biblioteca de la Prefectura de Osaka en Nakanoshima y el Centro Cultural de Osaka–, se llega a las rosaledas y prados del **Naka-no-shima-kōen.**

Super Nintendo World en Universal Studios Japan

PARQUE TEMÁTICO

PLANO: 5 P. 146 A6

En el 2021, **Universal Studios Japan** (USJ), uno de los mejores parques temáticos de Japón, aumentó su popularidad con la inauguración de Super Nintendo World, una zona dedicada a Mario, con plantas piraña y setas mágicas. El escenario es espectacular, aunque la atracción "Mario Kart: el desafío de Koopa" no acelere el pulso como cabría esperar.

Para emociones fuertes, nada como "Harry Potter y el viaje prohibido", una vertiginosa persecución en escoba, o la montaña rusa "El dinosaurio volador", en la zona del Parque Jurásico.

Los más peques disponen de zonas inspiradas en Snoopy y Barrio Sésamo, y el desfile diario "No Limit! Parade" (14.00).

Es fabuloso, aunque las atracciones están en japonés y las colas pueden durar horas. Conviene comprar un pase exprés combinado por persona (además de la entrada) y una entrada con horario asignado para Super Nintendo World.

UN PASE FABULOSO

El Osaka Amazing Pass es un pase turístico (1/2 días 2800/3600 ¥) que ofrece descuentos, viajes ilimitados en metro, autobús y trenes urbanos (salvo el traslado desde el aeropuerto de Kansai) y entrada gratuita a más de 40 atracciones, como el castillo de Osaka, el Umeda Sky Building, las norias de Tempōzan y Hep Five, y varios cruceros. Además, a menudo permite evitar las colas. Se puede adquirir en el aeropuerto de Kansai, en las estaciones de metro de Osaka y en los centros de información turística *(osp.osaka-info.jp/en/)*.

Ver un tiburón ballena en la bahía de Osaka — ACUARIO

La bahía de Osaka, una zona ganada al mar, alberga el **Acuario Kaiyukan de Osaka** (海遊館; PLANO: 6 P. 146 **A6**). Un recorrido en espiral y entre plantas permite observar especies marinas del Pacífico: pingüinos, peces mariposa, focas, nutrias, medusas y *Kai,* un tiburón ballena que nada en el enorme tanque central. Justo encima se alza la **noria Tempōzan,** de 112 m de alto (PLANO: 7 P. 146 **A6**). Luego se puede realizar un crucero (45 min) por la bahía a bordo del *Santa María,* una réplica de la carabela de Cristóbal Colón.

Los más pequeños disfrutarán en **Legoland Discovery Centre** (PLANO: 8 P. 146 **A6**), con zonas de juego, cine en 4D y una maqueta interactiva de Osaka hecha con 1,5 millones de piezas de Lego. Los adultos solo pueden entrar acompañados de un menor.

Un vaso de Cup Noodles personalizado — MUSEO

PLANO: 9 P. 146 **A1**

Cada año, en Japón se consumen más de 5000 millones de raciones de fideos instantáneos, un alimento práctico, inventado en Osaka por Momofuku Andō, fundador de la marca Cup Noodles. En el peculiar y moderno **Museo del Ramen Instantáneo** se puede ver una réplica de la humilde cabaña de madera donde, en la década de 1950, ideó estos fideos para paliar la escasez de alimentos durante la posguerra. Además, los visitantes pueden crear un vaso de Cup Noodles personalizado para llevarse a casa.

En monorraíl hasta el parque de la Expo '70 — PARQUE

Entre abril y octubre del 2025, Osaka celebró la Expo 2025, repitiendo como anfitriona de este destacado evento internacional. El **Parque Conmemorativo de la Expo '70,** a 50 min del centro en metro y monorraíl, albergó una efímera "ciudad del futuro" en 1970, de la que hoy solo queda la icónica **'Torre del Sol'** (PLANO: 10 P. 146 **D1**), una escultura de 70 m de alto, obra del artista japonés Tarō Okamoto. También puede visitarse el **Museo Nacional de Etnología** (PLANO: 11 P. 146 **D1**), que brinda un recorrido por las culturas del mundo mediante una colección diversa e interesante.

Lo mejor para...

Localizaciones en el plano de la **p. 146**

¥ Económico ¥¥ Medio ¥¥¥ Alto

Comer

Ambiente local y animado

Robatayaki Isaribi ¥¥
12 B2
Robatayaki con mucho ambiente y alcohol; los chefs utilizan palas inmensas para lanzar carnes, marisco y verduras de las brasas a los platos de los comensales. *16.00-23.15*

Takoyaki Umaiya ¥
13 D2
Puesto de *tako-yaki* a la antigua usanza, cerca de Tenma, que deleita con ricas y mullidas bolitas de pulpo, preparadas por la cuarta generación de la misma familia. *11.30-18.30 mi-lu*

Shin Umeda Shokudoga ¥
14 B2
Ideal para descubrir la Osaka más auténtica: un enjambre ahumado de diminutas *izakayas* y bares al oeste de la estación Ulmeda, que vibran cada vez que pasa un tren por encima. *Horario variable*

Yukari Tensan ¥¥
15 C3
En la animada Ohatsutenjin-dōri, deleita con divertidas versiones –al curri, con cinco quesos, etc.– de la clásica receta de *okonomiyaki*. *11.30-21.00 ma-do*

'Sushi' y tempura

Endo Sushi ¥¥
16 A4
Modesto local centenario en la lonja de pescado de Osaka, permite empezar el día con un desayuno a base de *sushi* y sopa de *miso* con almejas. *6.15-13.30*

Kaiten Sushi Ganko ¥¥
17 B3
En la estación JR de Osaka, en la zona de restauración Eki Marché, sirve *sushi* en cinta transportadora *(kaiten-zushi)*. *11.00-23.00*

Shinkiraku ¥¥
18 B3
En el Hilton Plaza, ofrece ligeros y crujientes bocados de tempura acompañados con humeantes cuencos de *kamonabe* (guiso de pato). *11.00-15.00 y 17.00-22.00 lu-vi, hasta 21.30 sa*

Beber

Locales frecuentados por 'expats'

The Blarney Stone Umeda
19 C3
Pub irlandés en la 6ª planta de un edificio de Ohatsutenjin-dōri, en Umeda. Pintas de Guinness, comida de *pub*, charlas animadas y música en directo (vi-do). *17.00-1.00, hasta 3.00 vi y sa*

Captain Kangaroo
20 B4
Local de ambiente desenfadado, con dardos y cabinas de DJ, que en la

happy hour está repleto. Ofrece cervezas de botella y sabrosas hamburguesas. Se permite fumar. *18.00-5.00*

Locales ribereños

Brooklyn Roasting Company

21 D5

Moderno café con terraza, junto al río, es ideal si se visita Naka-no-shima o el Osaka-jō. Su *espresso* figura entre los mejores de Osaka. *8.00-19.00*

Kitahama Retro

22 D5

Situado en un edificio antiguo rodeado de construcciones modernas, es perfecto para tomar un té al estilo de Gran Bretaña, servido en una vajilla *vintage*. Muy concurrido los fines de semana. *11.00-19.00, desde 10.30 sa y do*

Bares en hoteles de lujo

Leach Bar

24 A5

En el interior del Rihga Hotel, veteranos camareros preparan cócteles con precisión milimétrica mientras reprenden a quien intente fotografiar el fabuloso interior de la década de 1960, diseñado por el ceramista Bernard Leach. *16.00-24.00 mi-lu*

Grand Front Osaka.
PSGXXX/SHUTTERSTOCK ©

40 Sky Bar & Lounge

25 B4

En la 40ª planta del Conrad Hotel, ofrece cócteles sofisticados, una cuidada selección de *whiskies* japoneses y vistas panorámicas. *10.30-22.00, hasta 22.30 sa y do*

Locales LGTBIQ+

FrenZ FrenZY

26 C3

La comunidad LGTBIQ+ de la ciudad se concentra en Dōyama-chō, al este de la estación de Osaka. Este bar con luces de neón, muy popular entre los *expats*, es ideal para empezar la noche. *19.00-2.00, hasta 5.00 vi y sa*

Grand Slam

27 C3

Bar y local nocturno en Dōyama-chō, es acogedor, inclusivo y entusiasmará a los amantes del karaoke. Se llena hacia la medianoche. *21.00-5.00 ma-sa*

Comprar

Grandes almacenes

Daimaru Umeda

28 B3

Junto a la salida sur de la estación de Osaka, vende prácticamente de todo. En la 13ª planta hay las tiendas oficiales de Pokémon y Nintendo. *10.00-20.00*

Hankyu Umeda

29 B3

El concepto de combinar una estación con unos grandes almacenes nació aquí en 1929. Alta costura femenina, artesanía para el hogar y un excelente espacio gastronómico en el sótano. *10.00-20.00*

Hanshin Umeda

30 B3

Se suma a los otros grandes almacenes de Umeda. En la 8ª planta hay la tienda oficial de los Hanshin Tigers, el equipo de béisbol de Osaka. *10.00-20.00*

Moda y estilo

Grand Front Osaka

31 B2

Al oeste de la estación de Osaka, es uno de los centros comerciales más grandes de Japón. Moda y *lifestyle*. Marcas japonesas e internacionales. *10.00-21.00*

Hep Five

32 B2

Centro comercial juvenil. Moda económica en pequeñas tiendas individuales, con una gran noria roja que emerge por el tejado. *11.00-21.00*

NU Chayamachi

33 B2

Centro comercial en el barrio de Chayamachi. Punto de encuentro habitual entre los jóvenes más modernos, sobre todo por su tienda Tower Records, en la 6ª planta. *11.00-21.00*

Hankyu Men's

34 B2

Uno de los grandes almacenes masculinos más importantes de Japón. Consta de seis plantas y predominan las marcas de lujo. En el sótano hay una peluquería de alta gama. *10.00-20.00*

Sugerencias de lugares para comer, beber y comprar en **p. 166**

Explora Minami

Más espontánea y desenfadada que Kioto, Osaka transmite una energía contagiosa de "trabaja duro y diviértete", muy palpable en los barrios populares de Minami (南), 3 km al sur de Kita. Famoso por su animada vida callejera, Minami invita a disfrutar de un circuito gastronómico por Dōtombori y sus anuncios de neón, y a bailar con música experimental en Amerika-Mura. No faltan zonas con personalidad propia, como Den Den Town, con sus tiendas de manga y *maid cafes,* y el nostálgico barrio de ocio de Shin-Sekai. También hay lugares con historia, como el majestuoso e icónico castillo de Osaka, y santuarios y templos que, si bien no rivalizan en esplendor con los de Kioto, permiten desconectar del bullicio urbano.

Cómo desplazarse

Metro

La línea Midō-suji (roja) es muy práctica: va de norte a sur y para en Shin-Osaka, Umeda (junto a la estación de Osaka), Shinsaibashi (para ir a Amerika-Mura y Dōtombori), Namba, Dobutsuen-Mae (para ir a Shin-Sekai) y Tennōji (para ir al Abeno Harukas).

Tren

En la estación Namba se puede tomar un tren (línea Nankai) hacia el sur, con parada en Sumiyoshi Taisha, y seguir hasta el aeropuerto de Kansai.

Tranvía

La Hankai Uemachi, una de las dos últimas líneas de tranvía de Osaka, conecta el Abeno Harukas con Sumiyoshi Taisha.

Dōtombori (p. 159).

NIKADA/GETTY IMAGES ©

★

LO MEJOR

Saborear ricos **'TAKO-YAKI'** (buñuelos de pulpo; p. 166) y **'OKONOMIYAKI'** (tortitas saladas; p. 166).

Ir de ruta por los bares de moda de **AMERIKA-MURA** (p. 160) y el vecino **SHINSAIBASHI.**

Asombrarse ante las dimensiones y el arte del **OSAKA-JŌ** (p. 156) y disfrutar de las vistas desde su torre.

Sumergirse en el ambiente retro de **SHIN-SEKAI** (p. 161) y luego relajarse en el **SPA WORLD** (p. 162), un parque temático de aguas termales.

CIRCUITO A PIE

Paseo por Minami

Esta ruta, ideal para descubrir la vibrante esencia de Minami, empieza en Dōtombori y sus luces de neón, sigue por la zona de Namba, salpicada de pasajes comerciales, y llega hasta Den Den Town, epicentro del manga y el *anime* de Osaka, para luego ir al barrio de ocio de Shin-Sekai. El circuito concluye en el edificio más alto de la ciudad.

INICIO	FINAL	DURACIÓN
Ebisu-bashi	Abeno Harukas	4 km; 2 h

1 Luces cegadoras

Se empieza en el **Ebisu-bashi,** un puente con las mejores vistas de los carteles de neón de Dōtombori. Para hacer buenas fotos, hay que abrirse paso entre el gentío.

2 Templo oculto

Se cruza el puente hacia el sur y se gira a la izquierda en Dōtombori (p. 159). Se pasa junto a extravagantes rótulos culinarios y se gira a la derecha por el pasaje comercial cubierto Sennichi-mae. Buscar un callejón a la derecha con un rótulo de madera para ir al **Hōzen-ji** (法善寺), un pequeño templo con una deidad cubierta de musgo.

3 Hora de 'tako-yaki'

Se regresa al pasaje Sennichi-mae y se sigue hacia el sur. Se cruza la calle principal y, 200 m después, se llega al **Takoyaki Wanaka,** uno de los locales de *tako-yaki* (buñuelos de pulpo) más famosos de Osaka.

4 Entre ollas y cuchillos

Se sigue hacia el sur y pronto se estará rodeado de ollas, sartenes, cuchillos y vaporeras de bambú: es **Dōguya-suji** (p. 169), un pasaje comercial cubierto donde comprar todo lo relacionado con la gran pasión de Osaka: la comida.

5 Para fanáticos del manga

Al final de Dōguya-suji, se gira a la izquierda y, después del salón de videojuegos Namco, se toma la siguiente calle a la derecha para ir a **Den Den Town** (p. 161), epicentro del manga y el *anime* de Osaka. Se pasa junto a camareras que anuncian *maid cafes,* se gira a la izquierda al llegar a Animate, cadena especializada en productos de *anime,* y luego a la derecha en Taito Station, otro salón recreativo.

6 Barrio retro

Se sigue hacia el sur, se deja atrás la estación de metro Ebisuchō hasta ver el cartel de **Shin-Sekai** (p. 161), un barrio de ocio retro, presidido por la icónica Tsūtenkaku –una torre de acero de 63 m de alto– y salpicado de galerías de tiro, tiendas de recuerdos y restaurantes bulliciosos.

7 Un respiro verde

En el extremo oeste de Shin-Sekai se halla el tranquilo **parque Tennōji** (p. 164), con senderos arbolados, un zoo y el Museo Municipal de Bellas Artes de Osaka.

8 En las alturas

Se sale por la esquina sureste del parque y se cruza la intersección. La ruta concluye en el **Abeno Harukas** (p. 162), el rascacielos más alto de Osaka, con fabulosas vistas desde el mirador de la última planta.

★ IMPRESCINDIBLE

Osaka-jō

El Osaka-jō (大阪城), tan imponente como los rascacielos de la ciudad, refleja el enorme poder y prestigio de Osaka en la época feudal. Es el castillo más visitado de todo Japón y debe encabezar cualquier ruta por la ciudad.

PLANO: P. 158 **D1**

CONSEJO
Conviene reservar 2½ h para la visita. En primavera, los jardines del castillo acogen *hanami enkai*. fiestas bajo los cerezos en flor.

Escanea este código QR para información sobre exposiciones, una breve historia y comprar entradas.

Guerra y paz

Durante los ss. XV y XVI, Japón fue devastado por guerras civiles entre los *daimyō* (señores feudales) que luchaban por el control del país. Uno de ellos, Toyotomi Hideyoshi, logró imponerse, unificó Japón y construyó el Osaka-jō como símbolo de su poder; se completó en 1597, un año antes de su muerte. Aunque en teoría era invulnerable, en 1614 fue arrasado por los ejércitos de Tokugawa Ieyasu, fundador del sogunato Tokugawa, cuya victoria inauguró una nueva era de relativa paz. La reconstrucción empezó al año siguiente; los fosos y murallas del castillo reconstruido se han conservado hasta hoy.

Asalto a las murallas

Las murallas y puertas del Osaka-jō impresionan por sus dimensiones y la precisión con que fueron construidas. Las murallas, conocidas como *ishigaki,* están formadas por enormes bloques de piedra ensamblados sin argamasa, a menudo grabados con los emblemas de los 64 *daimyō* que construyeron el castillo; la losa de granito más grande mide 11 m de ancho y pesa más de 100 toneladas. El mejor modo de ver la muralla es a bordo del **'Gozabune',** un barco que cada 30 min recorre el foso interior. Desde él, los muros de piedra se elevan 34 m y parece que se está navegando por un cañón. Para reservar plaza, hay que ir al muelle Osakajo Gozabune antes de entrar en la torre.

Barco 'Gozabune'.

En el corazón del castillo

La elegante y blanca *tenshu* (torre principal) es una reconstrucción en hormigón de 1931: siglos antes, un rayo redujo a cenizas el edificio original, de madera y yeso. Alberga un museo sobre la vida y época de Hideyoshi Toyotomi. Lo mejor es el mirador de la última planta, que permite apreciar la posición dominante del castillo en la llanura de Osaka. Conviene pasear por las zonas más históricas del recinto, como el **jardín Nishinomaru,** con sus dos *yagura* (torres defensivas), que pueden visitarse para ver los interiores originales. También vale la pena ir al cercano **Museo de Historia de Osaka** para conocer la evolución de la ciudad desde antes de la construcción del castillo hasta principios del s. XX.

UNA PAUSA

Gout (PLANO P. 158 C1), una panadería-café a un corto paseo del Osaka-jō, es ideal para comprar bocadillos, pasteles y café: pueden degustarse *in situ* o haciendo un pícnic en el jardín Nishinomaru.

Minami
Más información
Imprescindible p. 156
Experiencias p. 159
Comer p. 166
Beber p. 168
Comprar p. 169
0 400 m
A
B
C
D
1
2
3
4
5
6
Gout (1,5km)
Osaka-jō
Hanshin Expwy
Midō-suji
Sakai-suji
Centro comercial subterráneo Crysta
Nagahori-dōri
Yotsubashi
Shinsaibashi
Nagahoribashi
Unagidani-Kita-dōri
Unagidani-Minami-dōri
SHINSAIBASHI
CHŪŌ-KU
Daihōji-dōri
NISHI-KU
HIGASHI-SHINSAIBASHI
Shimizu-dōri
Parque del Triángulo
Amerika-Mura
Suomachi-dōri
Shinsaibashi-suji arcade
Hachiman-dōri
Yotsubashi-suji
Mitsudera-dōri
Crucero por el río Tombori
Paseo ribereño de Tombori
Souemon-chō-dōri
Dōtombori-gawa
Dōtombori
Teatro Nacional de Bunraku
Namba
DŌTOMBORI
Nipponbashi
Kintetsu Namba
Kintetsu Nipponbashi
Ebisu-bashi-suji Arcade
Sennichi-mae arcade
NAMBA
Kuromon Ichiba
URA-NAMBA
Namba Nankai-dōri
Pasaje cubierto Dōguya-suji
Kuromon Ichiba
Nansan-dōri
Nankai Namba
Centro de Visitantes de Osaka en Namba
Den Den Town

EXPERIENCIAS

Degustar 'tako-yaki' en Dōtombori COMIDA CALLEJERA

PLANO: 1 P. 158 C3

Ninguna visita a Osaka está completa sin un paseo nocturno por **Dōtombori** (道頓堀). El *bori* (canal) de 400 años que da nombre a la zona brilla con luminosos carteles, mientras que, de forma paralela a él, discurre la animada calle Dōtombori, con rótulos espectaculares: pulpos que se agitan, cangrejos gigantescos, peces globo y dragones. Es aquí donde se verá a chefs cocinando con destreza buñuelos de *tako-yaki,* el tentempié más famoso de Osaka.

Popularizados por primera vez en la década de 1930, son una especie de buñuelos rellenos de pulpo, que pueden aderezarse con salsa *tako-yaki* (similar a la Worcestershire), mayonesa, algas nori o virutas de atún seco. Dos de los locales más famosos para probarlos son Kukuru (p. 166) y **Wanaka Dotonbori.** Si luego aún se tiene hambre, se puede ir a Chibo (p. 166), un restaurante de cuatro plantas especializado en *okonomiyaki* (tortitas saladas al estilo de Osaka). El **Ebisu-bashi,** puente que cruza el canal de Dōtombori, es un buen punto de partida para explorar esta zona.

Ver marionetas en el Teatro Nacional de Bunraku TEATRO

PLANO: 2 P. 158 D4

El *bunraku,* antaño muy popular en Osaka, es un teatro de marionetas de tamaño casi real que narran intensas historias de amor, honor y política.

Chikamatsu Monzaemon (1653-1724) —el dramaturgo más célebre de *bunraku*— escribió obras sobre comerciantes de Osaka y personajes de los antiguos barrios de entretenimiento, lo que hizo que surgieran teatros en torno a Dōtombori para representarlas. El **Teatro Nacional de Bunraku** (国立文楽劇場), al este de Dōtombori, mantiene viva esta forma de arte reconocida por la Unesco. Algunas funciones duran 4 h, pero pueden comprarse entradas para un solo acto el mismo día; en verano se ofrecen espectáculos introductorios para turistas. Hay audioguías en inglés.

Fotografiar un mar de neón navegando por el canal CRUCERO

PLANO: 3 P. 158 C3

Dōtombori suele estar abarrotado; un buen modo de huir del gentío consiste en realizar un **crucero por el río Tombori.** Además, es ideal para fotografiar los icónicos carteles luminosos de Dōtombori; el más famoso de ellos es el corredor de Glico, que anuncia golosinas de esta marca (como los palitos Pocky).

Los cruceros duran 20 min y salen cada 30 min. Los billetes se compran en el interior del edificio Don Quijote, con una noria en la fachada; si se dispone del Osaka Amazing Pass, no hay que pagar.

DUELO DE TITANES

Por su combinación de espectáculo explosivo, rituales esotéricos y competidores de dimensiones colosales, asistir a un combate de sumo es una experiencia inolvidable. Cada marzo, llegan a Osaka pesos pesados para disputar un torneo de 15 días en el EDION Arena de Namba. Las entradas (desde 4000 ¥) se ponen a la venta a principios de febrero y pueden comprarse en línea *(sumo.pia.jp/en)* o el mismo día en el propio polideportivo.

Entre 'skaters' y vinilos en Amerika-Mura AMBIENTE CALLEJERO

El barrio de **Amerika-Mura** (アメリカ村; PLANO: 4 P. 158 **A3**), un imán para los jóvenes más alternativos de Osaka, es ideal para observar a la gente, comprar o ir de bares. Si al anochecer se va al diminuto **parque del Triángulo** (PLANO: 5 P. 158 **A2**), se verán desfilar coches deportivos y motos en perfecto estado.

Se puede comprar una cerveza en una *konbini* (tienda 24 h) y pasar el rato con *skaters*, artistas callejeros y vendedores ambulantes, o echar un vistazo a las tiendas de vaqueros *vintage*, zapatillas deportivas, gorras de béisbol y vinilos. Situado al suroeste de la estación Shinsaibashi, se llama "Ame-Mura" porque era una zona de almacenes que en la década de 1970 vendían ropa de EE UU.

Ruta gastronómica por Namba CULTURA CULINARIA

La pasión de Osaka por la comida y los tentempiés alcanza su máximo exponente en las calles al este de la **estación Namba** (難波駅). Si apetece comer marisco fresco, **Kuromon Ichiba** (PLANO: 6 P. 158 **D4**) es un pasaje cubierto repleto de puestos de gigantescos langostinos tigre, ostras, *uni* (erizos), *fugu* (pez globo) y patas de centollo, todo ello en porciones listas para ser cocinadas y degustadas *in situ*.

En el cercano pasaje cubierto **Dōguya-suji** (PLANO: 7 P. 158 **C5**) hay todo lo necesario para equipar una cocina japonesa: cuchillos, cuencos lacados, vaporeras de bambú, accesorios para *sushi* y planchas para *tako-yaki*. Namba también es ideal para probar otra especialidad de Osaka: el *okonomiyaki*. Se trata de una tortita salada hecha con harina, ñame rallado, *dashi* (caldo de pescado) y col china; suele cubrirse con panceta, gambas, calamar, cebollino, salsa y mayonesa. Fukutaro (p. 166) es un restaurante de *okonomiyaki* a la vieja usanza, donde se come en torno a una *teppan* (plancha caliente).

Den Den Town: cultura pop en estado puro

JUEGOS Y MANGA

PLANO: 8 P. 158 D6

Den Den Town (でんでんタウン) –*denki* significa "electricidad"– es el barrio de la electrónica de Osaka y de todo lo *otaku:* informática, cultura pop, videojuegos, manga y *anime.*

De ambiente retro *cool,* hay quien lo compara con Akihabara, en Tokio, pero este es mucho más discreto. Además de infinidad de tiendas que venden manga, figuritas y objetos de colección, también hay salones de videojuegos y *maid cafes,* con las camareras vestidas como sirvientas francesas al estilo *anime.*

Den Den Town ocupa buena parte del barrio comercial Nipponbashi: desde el sureste de la estación Nankai Namba hasta la estación Ebisu-chō.

Regreso al pasado en Shin-Sekai

DIVERSIÓN RETRO

PLANO: 1 P. 163 B1

El nostálgico **Shin-Sekai** (新世界, "Nuevo Mundo") es un pintoresco barrio de ocio con calles estrechas, salones de *pachinko* y galerías de tiro, atrapado en una cápsula del tiempo de la era Showa (1926-

Kuromon Ichiba.
JAYSONPHOTOGRAPHY/SHUTTERSTOCK ©

LOS MEJORES CIRCUITOS POR OSAKA

Cycle Osaka *(cycleosaka.com)* Circuitos en bici por zonas menos visitadas, como Tsuruhashi, el barrio coreano de Osaka, a cargo de esta empresa veterana. El precio incluye el alquiler de la bici y el casco, además de agua y comida.

Osaka Food Tours *(osakafoodtours.com)* Rutas gastronómicas a pie que combinan historia, cocina tradicional de Osaka (y alcohol) y un sinfín de anécdotas locales.

Taste Osaka *(tasteosaka.com)* Un paseo para descubrir la vida nocturna de Osaka tomando copas, o una ruta gastronómica vespertina por las galerías comerciales subterráneas de Umeda.

1989). Está presidido por la **Tsūten-kaku** ("Torre hacia el Cielo"; PLANO: 2 P. 163 **B1**), una estructura retrofuturista de acero plateado, de 103 m de alto, construida en 1956.

La torre original, de 1912, era una extravagante mezcla entre la Torre Eiffel y el Arco del Triunfo parisinos, y formaba parte de un efímero parque temático. Shin-Sekai también es famoso por el *kushikatsu,* plato típico de Osaka consistente en brochetas de carne, pescado, marisco o verduras rebozadas con *panko,* fritas y servidas con una salsa picante.

Daruma, una importante cadena de *kushikatsu,* nació aquí en 1929. Su primer (y diminuto) local se encuentra en un callejón (tiene carta en inglés). La estación de metro más cercana es Dobutsuen Mae: al salir, basta con seguir por **Janjan-yokochō,** un pasaje cubierto repleto de restaurantes de otra época, galerías *vintage* y entrañables salones de juego donde la clientela local juega al *shōgi* (ajedrez japonés) en mesas de madera.

Relajarse en el Spa World ONSEN

PLANO: 3 P. 163 **B2**

El **Spa World,** en Shin-Sekai, es un enorme *onsen* de siete plantas, abierto las 24 h. Se puede pasar de un baño a otro (están separados por géneros) y brinda un recorrido por los distintos balnearios del mundo: baños romanos, saunas finlandesas, *onsen* de ciprés japonés, etc. Se pueden alquilar bañadores para las piscinas mixtas y toboganes (ideales para los niños), pero en los otros espacios se va desnudo. Los tatuajes están prohibidos (si son pequeños, pueden taparse con cinta adhesiva facilitada por el personal).

Rozar las nubes en el Abeno Harukas MIRADOR

PLANO: 4 P. 163 **E4**

No hay nada como contemplar Osaka (y gran parte de la región de Kansai) desde las vertiginosas alturas del **Abeno Harukas**

Tennōji
A
B
C
D
E
F
1
2
3
4
Shin-Sekai 1
Tsūten-kaku 2
11
10
SHIN-SEKAI
Spa World 3
Shin-Imamiya
Sakai-suji
Janjan-yokochō
Dōbutsuen-mae
Hanshin Expwy
Tennōji-kōen
Estanque Kawazoko-ike
Museo Municipal de Bellas Artes de Osaka 5
TENNŌJI-KU
Tanimachi-suji
Shitennō-ji 6
7 Honbō-teien
Tamatsukri-suji Ave
Abiko-suji
Tennōji
Abeno Harukas 4
Abenobashi
8
9
0
400 m
Más información
Experiencias p. 161
Comer p. 166
Comprar p. 169

Shitennō-ji.
SANGA PARK/ALAMY STOCK PHOTO ©

(あべのハルカス), el rascacielos más alto de Japón hasta que en el 2023 fue superado por el Azabudai Hills de Tokio (la Tokyo Skytree, mucho más alta, es una torre de radiodifusión).

Este coloso de 300 m, proyectado por César Pelli, ofrece un mirador gratuito en la 16ª planta, pero el **Harukas 300** –un mirador acristalado desde el que se abarca casi todo Kansai– es mucho mejor. También alberga un **museo de arte** y los **grandes almacenes Kintetsu,** repartidos en 16 plantas. Una buena forma de llegar hasta aquí es continuar el paseo desde Shin-Sekai atravesando el **parque Tennōji,** quizá con una parada en el **Museo Municipal de Bellas Artes de Osaka** (PLANO: 5 P. 163 **D2**), que ha vuelto a abrir sus puertas tras un período de renovación de dos años y medio.

Inclinarse ante Buda en el Shitennō-ji

TEMPLO BUDISTA

PLANO: 6 P. 163 **F1**

El **Shitennō-ji** (四天王寺, "templo de los Cuatro Reyes Celestiales"), en el sur de Osaka, es uno de los templos budistas más antiguos de Japón.

Fue fundado en el año 593 por el príncipe Shōtoku, que contribuyó a difundir el budismo en el país. Ha sido reconstruido varias veces; la estructura más antigua que se conserva es una *torii* (puerta sintoísta) de piedra que data de 1294. Excepto el pabellón principal y la pagoda de cinco niveles, la visita al templo es gratuita.

También merece la pena explorar el jardín **Honbō-teien** (PLANO: 7 P. 163 **F1**). El 21 de cada mes, se organiza frente al templo un mercadillo de antigüedades y objetos curiosos, como porcelana y kimonos *vintage*.

Paisaje onírico en el Jardín Botánico de Nagai

INSTALACIÓN ARTÍSTICA

PLANO: 8 P. 163 **F4**

El **Jardín Botánico de Nagai** (長居植物園), de día ideal para pasear, de noche se transforma en un espacio mágico con las instalaciones del colectivo artístico internacional **teamLab.**

Luces, sonidos, esculturas y naturaleza convergen en esta fascinante experiencia inmersiva que convierte parte del jardín en un paisaje onírico. Cuesta creer que se ubique en el centro de la ciudad y es probable que la visita dure más de lo previsto.

Hay que comprar las entradas con antelación en *teamlab.art/e/botanicalgarden*.

En tranvía al Sumi-yoshi Taisha

SANTUARIO

PLANO: 9 P. 163 **A4**

Dedicado a las deidades sintoístas del mar y los viajes, el santuario de **Sumi-yoshi Taisha** (住吉大社) es el más pintoresco de Osaka: un remanso de paz, rodeado de árboles, al que se llega por un puente rojo en forma de arco llamado *taiko-bashi* ("puente del tambor"), porque su reflejo en el agua recuerda a este instrumento. Las edificaciones con techumbre de paja revelan el estilo arquitectónico de santuario más antiguo del país, anterior a la llegada del budismo en el s. VI.

Un modo muy entrañable de llegar es a través de una de las dos líneas de tranvía que quedan en Osaka. Los tranvías de la línea Uemachi, inaugurada en 1900, parten de Tennoji-Ekimae, junto al Abeno Harukas, y serpentean entre barrios residenciales y zonas comerciales: una mirada íntima a los rincones más cotidianos de la ciudad.

SUGERENCIAS

Lo mejor para...

¥ Económico ¥¥ Medio ¥¥¥ Alto

Localizaciones en los planos de las **pp. 158 y 163**

Comer

Tako-yaki (buñuelos de pulpo)

Wanaka Honten ¥
9 p. 158 **C5**
Cadena de 10 locales, sus dorados *tako-yaki* son los mejores de Osaka. Se puede pedir una bandeja degustación (4 unidades). *Horario variable*

Kukuru ¥
10 p. 158 **B3**
Un clásico en Dōtombori desde la década de 1980 que destaca por sus generosos trozos de pulpo. Junto al cartel hay un pulpo rojo enroscado. *11.00-21.00, desde 10.00 sa y do*

Kogaryu Takoyaki ¥
11 p. 158 **A2**
Muy popular entre los jóvenes de Ame-Mura, se halla junto al parque del Triángulo y permite personalizar los *tako-yaki* con *toppings* muy originales. *10.30-20.30, hasta 21.30 sa y do*

'Okonomiyaki' (tortitas saladas)

Chibo ¥¥
12 p. 158 **C3**
Este local de varias plantas se especializa en *yaki* de Dōtombori, con panceta, ternera, calamar, gambas y queso. Las mesas al fondo tienen vistas al canal. *11.00-23.00*

Fukutaro ¥
13 p. 158 **C4**
Local a la vieja usanza, se come alrededor de una *teppan* (plancha caliente) y las *okonomiyaki* se cortan con una *kote* (espátula). Hay establecimientos en Namba y cerca de la estación de Osaka. *17.00-23.30 lu-vi, desde 12.00 sa y do*

Za Ikaga ¥
14 p. 158 **A3**
Situado en Ame-Mura, destaca por su *ika-yaki* (calamar a la plancha con huevo en una fina torta, con salsa estilo *okonomiyaki*). Es ideal para observar a la gente. *17.00-23.00*

'Kushikatsu' (brochetas rebozadas)

Kushikatsu Daruma ¥¥
10 p. 163 **B2**
Local de la cadena de Osaka que en 1929 inventó el *kushikatsu* en Shin-Sekai y que deleita con brochetas rebozadas de carne, pescado, marisco y verduras. *11.00-22.30*

Kushikatsu Tanaka Amerika-Mura ¥
15 p. 158 **A2**
La cerveza y el *kushikatsu* combinan a la perfección. Este animado local de Ame-Mura, que abre hasta tarde, es ideal para reponer fuerzas entre bar y bar. *12.00-1.00*

'Udon' y 'ramen'

Dotonbori Imai Honten ¥¥
16 p. 158 **C3**
Famoso por su *kitsune udon*, receta originaria de Osaka: gruesos fideos de trigo en un aromático caldo *dashi* con tiras de

age (tofu frito). *11.30-21.00 ju-ma*

Kinryu Ramen ¥

17 p. 158 **C3**

Emblemático local de Dōtombori, con un dragón serpenteante en la fachada, solo sirve *tonkotsu ramen:* fideos caseros en un rico caldo de huesos de cerdo. *24 h*

Nishiya ¥¥

18 p. 158 **C2**

Veterano especialista en *udon*, también sirve *nabe (hot-pot)*, tempura, *sashimi* y más, en una tradicional casa de madera de tres plantas. *11.00-22.30, hasta 22.00 do*

'Sushi' y marisco

Yoshino Sushi ¥¥

19 p. 158 **B1**

El *oshizushi* (*sushi* prensado), típico de Osaka, se elabora con moldes rectangulares para formar piezas compactas. Se puede probar en este local que data de 1841. *10.00-14.00 lu-vi*

Sushiro Shinsaibashi ¥

20 p. 158 **B1**

Cadena de *sushi* giratorio que se fundó en Osaka, este local es idóneo tras un día de compras por Shinsaibashi. *11.00-23.00, desde 10.30 sa y do*

Kuromon Ichiba ¥¥

véase 6 p. 158 **D4**

Este mercado cubierto es superturístico... ¡pero irresistible! Hay puestos que también cocinan, perfectos para probar langostinos tigre, ostras, patas de centollo y otros frutos del mar. *8.00-18.00*

Sabores del mundo

Critters Burger ¥¥

21 p. 158 **A2**

Si apetece una hamburguesa, este local de Ame-Mura no falla. Algunas opciones incluyen queso con jalapeños y aguacate con jamón. *11.00-21.00*

'Tako-yaki'.

IRINA MARWAN/GETTY IMAGES ©

Slices Cafe & Bar ¥

22 p. 158 B3

Pizzas y clásicos canadienses en un bar desenfadado con buen ambiente. Hay muchos platos veganos, cerveza artesana y cócteles. *16.00-23.00 ma-ju, hasta 24.00 vi-do*

Kim Anna Kimchi ¥¥

23 p. 158 D4

Una buena excusa para ir a Tsuruhashi (barrio coreano) es este animado restaurante en un mercado: tortitas de *kimchi (chijimi)* y tentáculos de pulpo que aún se mueven *(san-nakj). 10.30-21.00, hasta 17.00 mi*

Beber

Café de origen

LiLo Coffee Roasters

24 p. 158 A2

Cuidada selección de granos de origen único, tostados en este pequeño café de Ame-Mura. El personal es muy atento y tiene un buen nivel de inglés. *11.00-23.00*

Mel Coffee Roasters

25 p. 158 A1

Tostadero en el que solo se puede consumir de pie, sirve algunas de las mejores preparaciones a mano de Osaka. El tueste se ajusta según la estación. *10.00-18.00 ma-do*

Bares con carácter

Pink Elephant

26 p. 158 B3

Uno de varios garitos situados en un lúgubre sótano de Ame-Mura, este ecléctico local recibe con los brazos abiertos a los viajeros. Los dueños, amantes de la música, son un plus. *21.00-5.00*

The Drunken Clam

27 p. 158 C3

Karaoke desafinado y colectivo, copas baratas y ambiente internacional y acogedor. El local es estrecho, ideal para charlar. *20.00-2.00, hasta 4.00 vi y sa*

Cócteles y mixología

Bar Nayuta

29 p. 158 A2

Tras encontrar la entrada secreta, al estilo de un *speakeasy*, basta con sentarse a la barra, indicar las preferencias y dejar que el barman sorprenda con cócteles personalizados. *17.00-3.00*

Cinquecento

30 p. 158 C3

Bar de ambiente desenfado e internacional, en italiano *cinquecento* significa "500", como el precio (en ¥) de casi todas las bebidas, incluidos los martinis. *20.00-5.00, hasta 3.00 do*

Discotecas y espectáculos

Circus Osaka

31 p. 158 A2

Compacto local, epicentro de la escena electrónica *underground* de Osaka, entusiasma a los amantes de los ritmos y sonidos más eclécticos. Se puede consultar la programación en *circus-osaka.com*. Hay que mostrar el pasaporte. *23.00-5.00 vi y sa*

Hokage

32 p. 158 B3

Rock, noise, hardcore, metal y todo tipo de música estridente en este local subterráneo de varias plantas en Ame-Mura. El volumen es brutal: conviene llevar tapones. *15.00-24.00*

ROR Comedy Club

33 p. 158 A3

Club en un sótano, al estilo de *Seinfeld*, que acoge monólogos en inglés de cómicos japoneses, estadounidenses y británicos. *20.00 lu, mi, vi y sa*

Comprar

Vinilos

Time Bomb Records

34 p. 158 **A3**

Tienda veterana en Ame-Mura, que posee una excelente colección de vinilos: *rock*, pop, música de las décadas de 1960 y 1970, *new wave*, punk, música alternativa y psicodelia. *12.00-20.00*

Newtone Records

35 p. 158 **A2**

Orientada a DJ y coleccionistas, uno puede pasarse horas rebuscando entre sus estantes repletos de vinilos: *techno, house, ambient*, etc. *12.00-21.00*

Rare Groove Osaka

36 p. 158 **A2**

Paraíso para melómanos exigentes, es un tesoro de pop japonés, *ambient*, música étnica y rarezas. *11.00-18.00 ju-ma*

Cuchillos y utensilios de cocina japoneses

Tower Knives

11 p. 163 **B1**

El personal explica (en inglés) las virtudes de los cuchillos de cocina japoneses de alta gama (algunos forjados a mano por artesanos de Osaka) de venta en esta tienda, al este de la torre de Shin-Sekai. *10.00-18.00*

Pasaje comercial cubierto de Dōguya-suji

véase 7 p. 158 **C5**

En este *shōtengai* (pasaje cubierto) se vende todo lo necesario para la cocina japonesa: vaporeras de bambú, cuchillos de chef, cuencos lacados, planchas para *tako-yaki*, etc. *10.00-18.00*

Centros comerciales y grandes almacenes

Bic Camera Namba

37 p. 158 **C4**

Esta megatienda vende todo tipo de aparatos eléctricos y electrónicos: desde arroceras hasta bicis y bidés. *10.00-21.00*

Daimaru Shinsaibashi

38 p. 158 **B2**

El establecimiento insignia de Daimaru en Minami consta de 12 plantas dedicadas al lujo y las compras, en pleno centro del bullicioso pasaje cubierto Shinsaibashi-suji. *10.00-20.00*

Big Step

39 p. 158 **B2**

Entre las peculiaridades de este centro comercial de moda en Ame-Mura destacan sus escaleras mecánicas en espiral y The Silver Ball Planet, un salón de máquinas recreativas en la 3ª planta. *11.00-23.00*

Takashimaya Namba

40 p. 158 **B5**

En el sótano *gourmet* de esta cadena de grandes almacenes de alta gama, fundados en Kioto en 1831, se venden dulces japoneses y cajas *bento* (comida para llevar). Junto a la estación Namba. *10.00-20.00*

Guía práctica

Mujer con kimono, Kiyomizu-dera (p. 88).

Viajar en familia

Con tantas diferencias culturales, viajar a Kioto y Osaka con niños sin duda será una experiencia increíble y, con un poco de preparación y algunos consejos, también bastante relajada.

Atracciones para todos

Kioto cuenta con muchas diversiones que gustarán a los peques, como el **TŌEI Kyoto Studio Park** (p. 122), el **Museo del Ferrocarril** (p. 43), el **Zoo de Kioto** o el **Museo Internacional del Manga** (p. 59). También se puede disfrutar al aire libre en el parque del **Palacio Imperial de Kioto** (p. 74). En Osaka, **Universal Studios Japan** (p. 147) es ideal para todo un día.

LACTANCIA

Las japonesas rara vez dan el pecho en público; si lo hacen, tienden a cubrirse. Para más intimidad, se puede ir a las salas de lactancia/cuidado de bebés de los centros comerciales, grandes almacenes y atracciones familiares.

Restaurantes

Los de tipo familiar *(famiresu)* son asequibles, con platos occidentales y raciones infantiles. Algunas cadenas de *izakaya* (tabernas) cuentan con zonas para no fumadores y combinan sabores locales y platos conocidos. Los restaurantes de *kaiten-sushi* (*sushi* en cinta transportadora) ofrecen un ambiente relajado, donde no importa que los niños hagan ruido, y opciones que no incluyen *suchi*.

Cambiadores

Los aseos polivalentes de los grandes almacenes, centros comerciales y estaciones suelen ofrecer buenos cambiadores.

Transporte público

En los autobuses y el metro, los menores de 5 años no pagan; los de 6-11 años pagan la mitad.

Productos básicos

Farmacias como Matsumoto Kiyoshi, Tsuruha y Welcia venden pañales, leche en polvo, medicamentos sin receta y otros productos básicos, pero las marcas suelen ser locales y los ingredientes/instrucciones solo están en japonés. Conviene llevarse lo imprescindible de casa.

Alojamiento

Kioto y Osaka ofrecen desde posadas tradicionales hasta hoteles de lujo y albergues económicos, pero en primavera y otoño (temporadas altas) hay que reservar con mucha antelación.

Si te gusta...

Grandes atractivos turísticos

Gion y sur de Higashiyama (p. 81) Ideales para ir al histórico distrito de *geishas* de Gion, el templo de Kiyomizu-dera y muchos otros lugares imprescindibles. Además, están cerca del ocio nocturno del centro.

IMPRESCINDIBLE

Nos encanta...

Centro de Kioto (p. 49) Es bullicioso y concentra la mayor y mejor oferta de bares, restaurantes, tiendas y hoteles. Queda bastante cerca de Ponto-chō y Gion para dar un paseo nocturno y permite ir a pie a algunas zonas de Higashiyama. Está conectado por metro y autobús con el resto de la ciudad.

Museos e historia

Norte de Higashiyama (p. 99) Reúne los museos y galerías del parque Okazaki, templos declarados Patrimonio Mundial, como el Ginkaku-ji y el Nanzen-ji, y el Sendero de la Filosofía, famoso por sus cerezos en flor.

Naturaleza

Arashiyama y Sagano (p. 127) El extremo occidental lo frecuentan muchos turistas, pero permite disfrutar de vistas a las montañas y los cambios estacionales del paisaje a lo largo del río.

Vida local

Noroeste de Kioto (p. 115) Salvo por algunos templos famosos, es una zona residencial, ideal para pasar noches tranquilas y descubrir la vida cotidiana de Kioto.

Ambiente urbano

Osaka (p. 139) Tanto si se elige Minami como Kita (esta zona ofrece una mejor conexión ferroviaria con Kioto), Osaka es una ciudad animada, alegre y desenfadada.

CUÁNTO CUESTA

Hotel de negocios **desde 15 000 ¥ habitación doble**

Pensión **desde 7000 ¥/ persona**

Ryokan (albergue tradicional) de gama media **desde 20 000 ¥/ persona**

Comida, bebida y fiesta

'Izakaya'

Las omnipresentes *izakayas* (tabernas) permiten degustar un amplio abanico de sabores nipones: desde clásicos como *yakitori* y *sashimi* hasta bebidas como sake y *shōchū*. Las cadenas suelen tener cartas en inglés o con fotos y, a menudo, zonas para no fumadores; en las *izakayas* independientes se respira un ambiente más auténtico y la comida es mejor.

CÓMO PREGUNTAR...

¿Esto no lleva gluten?
Guruten furī desu ka

¿Lleva frutos secos?
Nattsu ga haitte imasu ka

¿Hay una opción vegana?
Bīgan menyu wa arimasu ka

TIENDAS 24 HORAS

Si se viaja con un presupuesto ajustado, las tiendas 24 h –o *konbini* (コンビニ)– son geniales: se puede tomar un café por 150 ¥, *onigiri* (bolas de arroz) por 130 ¥, y hay platos para llevar, como pasta y fideos, por 500 ¥ y una selección de tentempiés a buen precio.

Alergias e intolerancias

Las cartas no suelen indicar posibles alérgenos; conviene consultarlo con el personal.

Soy alérgico/a a...
...ni arerugī ga arimasu
...にアレルギーがあります

Frutos secos nattsu ナッツ

Gluten guruten グルテン

Lácteos nyūseihin 乳製品

Marisco/pescado gyokairui
gyokairui 魚介類

Sésamo goma ごま

Soja daizu 大豆

Pedir la cuenta
Algunos restaurantes traen la cuenta nada más servir la comida (pero se paga al final); otros, al terminar de comer. Para pedirla, basta con decir *kaikei* (cuenta) o hacer una X con los dedos índices.

Dividir la cuenta
Lo habitual es que se traiga una única cuenta para todo el grupo. Para pagar por separado, se dice *betsu betsu;* normalmente la dividirán por el número de comensales.

Dejar propina
Los establecimientos de alto nivel incluyen un cargo por servicio, pero en Japón nunca se deja propina en los restaurantes/bares; hacerlo es de mala educación.

PRECIOS

Las gamas de precios se refieren a un plato principal.

¥ menos de 2000 ¥

¥¥ 2000-6000 ¥

¥¥¥ más de 6000 ¥

HORARIOS

Cafés 8.00-20.00

'Izakayas' 18.00-24.00

Restaurantes 11.30-14.00 y 18.00-22.00

Cuenco de 'ramen'.

BONCHAN/GETTY IMAGES ©

Salir

Bares

Las opciones en Kioto y Osaka son infinitas: desde coctelerías de moda y bares de cerveza artesana hasta informales *tachinomiya* (bares sin asientos) e *izakayas*. En Kioto, las mejores zonas para ir de bares son Ponto-chō y Kiyamachi-dōri. En Osaka, puede elegirse entre el animado Dōtombori, el exclusivo Umeda y el retro Shinsekai. También está Dōyama-chō, con locales LGTBIQ+.

Escena nocturna

Kioto cuenta con una animada escena nocturna en torno a Kiyamachi-dōri, con locales como el Kitsune Kyoto, y otros alternativos, como el Club Metro. Suelen abrir a las 22.00 y se animan desde las 24.00 hasta que cierran, a las 4.00 o 5.00. En Osaka aún hay más opciones para los amantes de EDM, R&B, *hip hop*, etc. Los principales clubes nocturnos son el Gala y el Joule, cerca de Dōtombori, y el OWL, en Umeda. El precio de la entrada (1000-5000 ¥) depende del evento y suele incluir una consumición.

CUÁNTO CUESTA...

Cuenco de 'ramen'
700 ¥

Cena y copas en una 'izakaya'
4000 ¥

Cena 'kaiseki'
20 000 ¥

Almuerzo 'teishoku'
1000 ¥

Cerveza de barril
600 ¥

Cerveza artesana
1000 ¥

Café
400 ¥

Comunidad LGTBIQ+

Kioto y Osaka acogen bien a los viajeros LGTBIQ+. Osaka actúa como centro regional de bares, locales y eventos dirigidos a esta comunidad.

Dos ciudades, dos enfoques

En Kioto hay locales LGTBIQ+ repartidos por toda la ciudad, pero tienden a ser discretos. Por eso, suele preferirse Osaka y su animado barrio gay (Dōyama-chō), que acoge el mayor festival del Orgullo de la región de Kansai y el primer centro del Orgullo de la región.

Además, el Ayuntamiento de Osaka ha emprendido varias iniciativas –pioneras en todo Japón– a favor de la inclusión: fue la primera ciudad del país que lanzó una web turística LGTBIQ+ y, en el 2024, la primera sede asiática de la Convención Global de la Asociación Internacional de Viajes LGTBQ+. No es probable que nadie sea abiertamente discriminado en Kioto, Osaka o Japón en general. No hay leyes que prohíban las relaciones homosexuales, pero el matrimonio igualitario aún no está reconocido.

IMPRESCINDIBLES

Barrio LGTBIQ+ imprescindible

Cerca de Umeda, en Kita (Osaka) (p. 141), Dōyama-chō no se limita a locales LGTBIQ+, pero reúne la mayor oferta de bares, clubes y restaurantes para esta comunidad, como el FrenZ FrenZY Rainbow Haven, abierto a todo el mundo y muy popular entre el público extranjero.

PRIDE CENTRE OSAKA

Inaugurado en el 2022, ofrece un entorno seguro para todos los miembros de la comunidad LGTBIQ+, además de servicios como asesoramiento y seminarios educativos. Más información en *pridecenter.jp*.

Visit Gay Osaka

Web gestionada por el Ayuntamiento, está orientada a la comunidad LGTBIQ+ e indica bares, clubes, restaurantes, hoteles y eventos.

RAINBOW FESTA

La **Rainbow Festa de Osaka** se celebra cada octubre durante dos días y atrae a más de 20 000 personas con desfiles, música, puestos de comida y eventos para celebrar la comunidad LGTBIQ+ de la región y fomentar la diversidad, la inclusión y el respeto. En mayo, Kioto celebra un **Mes del Orgullo** (más reducido).

Salud y seguridad

Kioto y Osaka tienen fama de ser muy seguras, pero no hay que olvidar el calor, los terremotos, los tifones y algunas normas referentes a medicamentos.

TERREMOTOS

En Japón, cada año se registran miles de seísmos menores y, ocasionalmente, terremotos de gran magnitud. Para estar preparado, conviene descargarse la *app* gratuita Safety Tips, que ofrece alertas de emergencia e información sobre cómo actuar ante terremotos y otras catástrofes, frases útiles y como conseguir atención médica.

Calor

De julio a septiembre, el calor y la humedad hacen que mantenerse activo en Kioto y Osaka sea todo un reto. A menudo se rebasan los 35°C, por lo que las insolaciones son un grave problema, sobre todo en templos y santuarios (sin aire acondicionado). Durante estos meses, se recomienda no salir en las horas más calurosas, llevar sombrero y sombrilla, beber líquidos a menudo y, en el interior, poner el aire acondicionado.

Emergencias

La línea para visitantes Japan Visitor Hotline (050 3816 2787) ofrece asistencia multilingüe las 24 h para emergencias médicas o relacionadas con el viaje.

Medicamentos

Se pueden llevar medicamentos con receta para un mes y medicamentos sin receta para dos meses. Algunos medicamentos legales en otros países están prohibidos en Japón. Consultar la web del Ministerio de Sanidad, Trabajo y Bienestar *(www.mhlw.go.jp/stf/english/index.html)*.

TIFONES

Entre mayo y octubre, Japón experimenta numerosos tifones, que suelen suponer uno o dos días de lluvias intensas, vientos violentos y alteraciones en el transporte y los comercios. No hay que salir hasta que el tifón haya pasado.

A TENER EN CUENTA

Bicicletas

Solo se deben aparcar en las zonas designadas; si no, podrían ser confiscadas.

Documentación

La policía rara vez lo comprueba, pero la ley obliga a llevar el pasaporte en todo momento.

Tolerancia cero

Japón impone penas de prisión de varios años por posesión de drogas, incluida la marihuana.

Turismo responsable

Los siguientes consejos ayudarán a reducir el impacto, apoyar a la población local y tener una influencia positiva en las comunidades visitadas.

Turismo masivo

Con más de 40 millones de visitantes al año, el turismo masivo es un problema en Kioto. Para contribuir a paliarlo, se puede visitar la ciudad en los meses menos concurridos (ene, feb y jun). El comportamiento de los turistas es una de las principales quejas de la población local; hay que prestar atención a los carteles de normas cívicas: restricciones fotográficas, cómo actuar en los templos, etc. Para no sobrecargar el sistema de transporte, véase p. 27.

'Sushi' sostenible

Conviene optar por marisco pequeño, plateado, de temporada y con concha, ya que su impacto ambiental en menor. También hay que evitar las especies cuya captura propicie su extinción, como la anguila de río *(unagi)* y el atún rojo.

IMPRESCINDIBLE

Good Samaritan Club
goodsamaritanclub.org
Este grupo de universitarios de Kioto promueve el entendimiento cultural mediante visitas guiadas gratuitas. Interactuar en inglés será enriquecedor para ambas partes.

Evitar los cafés de animales

Antes de entrar en un local de este tipo –en ellos, los visitantes pueden pasar tiempo con perros, gatos, cerdos, búhos y otros animales exóticos –, piénsese en el estrés que sufren los animales al tener que interactuar todo el día y la mala reputación del sector en cuanto al bienestar animal.

Recursos

- **moral.kyokanko.or.jp/en** Consejos para un turismo sostenible en Kioto.
- **happycow.net** Restaurantes vegetarianos y veganos en la zona.

PEDALEAR

El turismo masivo en Kioto supone una enorme carga para su red de autobuses. Pedalear es una forma excelente de explorar la ciudad. La web *kyoto-bicycle.com/en/rental_search* ofrece información sobre alquileres, normas de circulación y zonas de aparcamiento.

Recuerdos de segunda mano

Tanto si se buscan antigüedades como otros objetos con historia, los mercados de Kioto son una alternativa sostenible a las tiendas de recuerdos. Destacan el mercadillo del **Tō-ji** (p. 44) (primer domingo de cada mes) y el **Kōbō-san** (día 21), así como el mercadillo mensual de **Kitano Tenman-gū** (p. 122) (día 25), con unos 1000 puestos.

En la zona del **parque Okazaki** (p. 108) también hay frecuentes mercadillos de antigüedades, arte y artesanía. Consultar las fechas y horarios en la web oficial de turismo de Kioto: *kyoto.travel*.

El cambio climático y los viajes

Es imposible ignorar el impacto de nuestros viajes y la importancia de hacer cambios. Lonely Planet anima a todos los viajeros a involucrarse en su huella de carbono. Muchas webs de líneas aéreas y sitios de reservas ofrecen la opción de compensar el impacto de los gases de efecto invernadero realizando donaciones para iniciativas respetuosas con el clima en todo el mundo.

Hay muchas calculadoras de carbono en línea que permiten estimar las emisiones de carbono generadas por un viaje; puede probarse **resurgence.org** utilizando el código QR de la derecha.

LLENAR BOTELLAS DE AGUA

Para evitar las botellas de plástico de un solo uso, se puede descargar la *app* My Mizu. Permite localizar puntos de recarga de agua gratuitos en Kioto y Osaka.

Escanea este código QR para más información.

Accesibilidad

Autobuses

Casi todos los autobuses de Kioto son accesibles para sillas de ruedas (llevan un cartel que lo indica). Tras hacer la señal para subir, el conductor se apea, despliega una rampa y ayuda a acceder a la zona para sillas de ruedas. Si se le indica el destino, también ayuda a bajar.

Pavimento táctil

Presente en estaciones y aceras de todo Japón, el pavimento Tenji es para personas con discapacidad visual. De color amarillo brillante para quienes conservan algo de visión, está provisto de relieves perceptibles con bastón. Las líneas rectas indican la dirección; los círculos alertan de peligros.

IMPRESCINDIBLE

Debido a los senderos de grava, los escalones y la escasez de rampas, muchos templos de Kioto no son accesibles. El **Ginkaku-ji** (p. 118) declarado Patrimonio Mundial, posiblemente sea el más accesible de los templos principales. Se puede visitar en silla de ruedas el Pabellón de Plata y los jardines, pero uno de los miradores solo cuenta con escaleras. En el recinto hay un aseo adaptado. Para consultar la disponibilidad de este y otros lugares de Kioto, véase *accessible -japan.com.*

ALOJAMIENTO

Desde alojamientos económicos hasta hoteles de lujo, los establecimientos modernos –a diferencia de los más antiguos y los *ryokan* tradicionales– suelen disponer de una o varias habitaciones adaptadas. En los de gama alta, la accesibilidad es mejor.

Recursos

La web **accessible -japan.com,** en inglés, es excelente y muy útil para usuarios de sillas de ruedas.

Aseos adaptados

En estaciones, aeropuertos, centros comerciales, grandes almacenes y otras zonas públicas, hay aseos polivalentes limpios. Suelen contar con barras de apoyo, botón de emergencia, ducha/lavabo para usuarios de bolsas de ostomía, y una camilla multipropósito.

SILLAS DE RUEDAS DISTINTAS

Las instalaciones sin barreras están diseñadas para sillas de ruedas japonesas, que son compactas y, a menudo, híbridas: manuales y eléctricas. Algunos modelos extranjeros son demasiado anchos para ciertas rampas y ascensores. Se puede alquilar sillas en *kyoto-universal.jp/en.*

Lo esencial

Horario comercial

Bancos 9.00-15.00, lu-vi

Bares 18.00-hasta tarde

Grandes almacenes 10.00-20.00; las plantas de restauración cierran más tarde

Museos 10.00-18.00, a menudo lu cerrados

Restaurantes 11.30-14.00 y 18.00-22.00

Tiendas 9.00-17.00

ELECTRICIDAD

100V/60Hz

Fiestas oficiales

Algunos comercios y servicios no esenciales pueden cerrar en los siguientes días festivos, durante el O-bon (13-15 de agosto) y en fin de año.

Ganjitsu (Año Nuevo) 1 de enero

Seijin-no-hi (Día de Paso a la Edad Adulta) 2º lunes de enero

Kenkoku Kinen-no-hi (Día de la Fundación Nacional) 11 de febrero

Tennō Tanjōbi (Cumpleaños del Emperador) 23 de febrero

Shumbun-no-hi (Equinoccio de Primavera) 21 de marzo

Shōwa-no-hi (Día de Shōwa) 29 de abril

Kenpō Kinenbi (Día de la Constitución) 3 de mayo

Midori-no-hi (Día Verde) 4 de mayo

Kodomo-no-hi (Día de la Infancia) 5 de mayo

Umi-no-hi (Día del Mar) 3er lunes de julio

Yama-no-hi (Día de la Montaña) 11 de agosto

Keirō-no-hi (Día del Respeto a los Ancianos) 3er lunes de septiembre

Shūbun-no-hi (Equinoccio de Otoño) 23 de septiembre

Taiiku-no-hi (Día del Deporte) 2º lunes de octubre

Bunka-no-hi (Día de la Cultura) 3 de noviembre

Kinrō Kansha-no-hi (Día de Agradecimiento por el Trabajo) 23 de noviembre

A TENER EN CUENTA

Hora local
GMT + 9 h

Código de ciudad
Kioto: 075; Osaka: 06

Emergencias
Bomberos, ambulancias, rescate de emergencia: 119; policía: 110

Población (ciudad de Kioto)
1,38 millones de hab.

Fumar

En Kioto y Osaka no se permite fumar en la calle; hacerlo fuera de las zonas designadas conlleva una multa de 1000 ¥. Algunos bares, cafés y restaurantes son espacios libres de humo, otros tienen zonas para fumadores. En algunos bares puede haber mucho humo.

Abierto 営業中

Cerrado 本日終了

Preparándose para abrir 準備中

Idioma

Lo básico

Hola
こんにちは
kon·ni·chi·wa

Adiós
さようなら
sa·yō·na·ra

Sí
はい
hai

No
いいえ
ī·e

Por favor
ください
ku·da·sai

Gracias
ありがとう
a·ri·ga·tō

Disculpa
すみません
su·mi·ma·sen

Perdón
ごめんなさい
go·men·na·sai

¡Salud!
乾杯!
kan·pai

Frases útiles

¿Cómo estás?
お元気ですか?
o·gen·ki desu ka

Bien, ¿y tú?
はい元気です。あなたは?
hai, gen·ki desu. a·na·ta wa

¿Hablas inglés?
英語が話せますか?
ē·go ga ha·na·se·masu ka

Una mesa para (dos), por favor
(2人)の予約をお願いします
(fu·ta·ri) no yo·ya·ku wo o·ne·gai shi·masu

Quisiera (la carta)
(メニュー)をお願いします
(me·nyū) wo o·ne·gai shi·masu

No como (carne roja)
(赤身の肉)は食べません
(a·ka·mi no ni·ku)wa ta·be·ma·sen

Estaba riquísimo
おいしかった
oy·shi·kat·ta

La cuenta, por favor
お勘定をください
o·kan·jō wo ku·da·sai

Números

1 一 *i·chi*

2 二 *ni*

3 三 *san*

4 四 *shi/yon*

5 五 *go*

CONVIENE SABER

La pronunciación japonesa no resulta difícil para los hispanohablantes, ya que la mayoría de sus sonidos se encuentran en el español. En japonés, las vocales pueden ser cortas o largas; es importante diferenciarlas, puesto que pueden cambiar el significado de una palabra. Las vocales largas **(ā, ē, ī, ō, ū)** duran el doble que las cortas. Todas las sílabas se pronuncian de un modo bastante uniforme.

La hora y los números

¿Qué hora es?
何時ですか? *nan·ji desu ka*

Son las (10)
(10)時です *(jū)·ji desu*

mañana	朝	*a·sa*
tarde	午後	*go·go*
noche	夕方	*yū·ga·ta*
ayer	きのう	*ki·nō*
hoy	今日	*kyō*
mañana	明日	*a·shi·ta*

EMERGENCIAS

¡Socorro!
たすけて! *tasu·ke·te*

¡Vete!
離れろ! *ha·na·re·ro*

¡Llamen a la policía!
警察を呼んで!
kē·sa·tsu wo yon·de

¡Llamen a un médico!
医者を呼んで!
i·sha wo yon·de

Me he perdido.
迷いました
ma·yo·i·mashita

Estoy enfermo.
私は病気です
wa·ta·shi wa byō·ki desu

¿Dónde está el lavabo?
トイレはどこですか?
toi·re wa doko desu ka

Dialecto regional de Kansai

¿Cómo estás?
もぅかりまっか? *mō·ka·ri·ma·kka*

Bien (respuesta a "mōkari makka")
ぼちぼち *bo·chee bo·chee*

Exacto そーやな *sō·ya·na*

No importa かまへん *ka·ma·hen*

No, no se puede... あかん *a·kan*

No, eso no es ちゃう *cha·u*

Bien ええ *ey*

Gracias おぅきに *ō·ki·nee*

¿De verdad? ほんま *hon·ma*

¿Cuánto cuesta? なんぼぅ *na·n·bou*

6 六 *ro·ku*

7 七 *shi·chi/na·na*

8 八 *ha·chi*

9 九 *ku/kyū*

10 十 *jū*

Índice

Puntos de interés p. 000
Págs. de los planos **p. 000**

Véase también los subíndices:
Comer p. 187
Beber p. 188
Comprar p. 189

Comer

Beber

Comprar

La opinión del lector

Nos encanta escuchar a los viajeros, ya que con sus comentarios nos ayudan a mejorar nuestros libros. Podéis escribirnos a lonelyplanet.com/contact; leemos todos los mensajes y garantizamos que estos lleguen a los autores.

Nota: Es posible que algunos fragmentos de estos mensajes aparezcan en nuevas ediciones de las guías Lonely Planet, en la web o en productos digitales. Si preferís que vuestro contenido o nombre no sean publicados, por favor, indicadlo claramente. Para obtener una copia de nuestra política de privacidad, podéis visitar lonelyplanet.com/legal.

geoPlaneta
Av. Diagonal 662-664, 08034 Barcelona
www.geoplaneta.com – www.lonelyplanet.es

Lonely Planet Global Limited
Lonely Planet Global Limited, Digital Depot,
The Digital Hub, Dublín D08 TCV4, Irlanda
www.lonelyplanet.com
Contacta con Lonely Planet en: lonelyplanet.com/contact

Kioto y Osaka de cerca
2ª edición en español – noviembre del 2025
Traducción de *Kyoto & Osaka Pocket*, 4ª edición – octubre del 2024

Editorial Planeta, S.A.
Av. Diagonal 662-664, 7º. 08034 Barcelona (España)
Con la autorización para la edición en español de Lonely Planet Global Limited, Digital Depot,
The Digital Hub, Dublín, D08 TCV4, Irlanda

ISBN: 978-84-08-31018-1
Depósito legal: B. 12.828-2025
Impresión y encuadernación: Unigraf
Printed in Spain – Impreso en España